KB083644

청국표류도

옮긴이

박화진 朴花珍, Park Hwa-jin

부산대학교 사학과 졸업. 일본 도쿄대학 대학원 석·박사 졸업. 현재 부경대학교 사학과 교수.
저서로는『韓·日兩國における近世村落の比較史的研究』(1992),『해양도시 부산 이야기』(2018),
『해양도시 부산의 역사와 문화』(2019),『일본 문화속으로』(공저, 2002),『근대부산해관과
초빙 서양인 해관원에 관한 연구』(공저, 2006),『에도공간속의 통신사』(공저, 2010),『해양사
의 명장면』(공저, 2019) 등이 있고, 역서로는『신국일본』(공역, 2013),『백성성립』(공역,
2017) 등이 있다.

서광덕 徐光德, Seo Kwang-deok

연세대학교 중어중문학과를 졸업 후 연세대학교 대학원 석·박사과정을 졸업했다. 저서로는
『루쉰과 동아시아 근대』(2018),『중국 현대문학과의 만남』(공저, 2006),『동북아해역과
인문학』(공저, 2020) 등이 있고, 역서로는『루쉰』(2003),『일본과 아시아』(공역, 2004),
『중국의 충격』(공역, 2009),『수사라는 사상』(공역, 2013),『아시아의 표해록』(공역, 2020)
등이 있으며,『루쉰전집』(20권) 번역에 참가했다. 현재 부경대학교 인문사회과학연구소 HK
교수로 재직 중이다.

청국표류도

초판인쇄 2022년 2월 20일 **초판발행** 2022년 2월 28일
지은이 모리야마 테이지로 **옮긴이** 박화진·서광덕
펴낸이 박성모 **펴낸곳** 소명출판 **출판등록** 제13-522호
주소 서울시 서초구 서초중앙로6길 15, 2층
전화 02-585-7840 **팩스** 02-585-7848 **전자우편** somyungbooks@daum.net **홈페이지** www.somyong.co.kr

값 39,000원
ⓒ 박화진·서광덕·ACC, 2022
ISBN 979-11-5905-610-9 93910

이 책은 2017년 대한민국 교육부와 한국연구재단의 지원을 받아 수행된 연구임(NRF-2017S1A6A3A01079869).
이 책은 국립부경대학교 인문사회과학연구소 인문한국플러스사업단과 아시아문화원 아시아문화연구소의 공동기획으로 제작되었다.

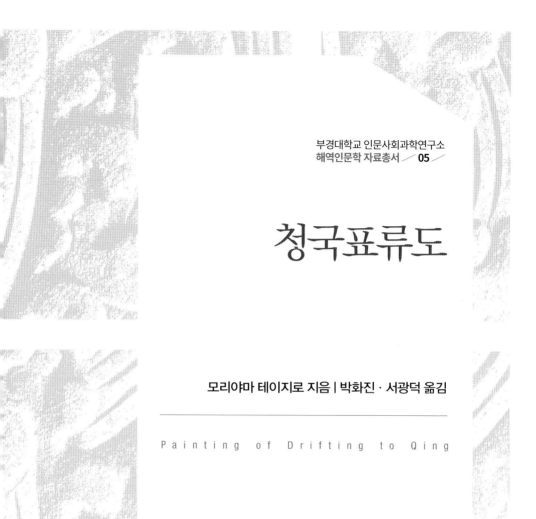

부경대학교 인문사회과학연구소
해역인문학 자료총서 ╱ **05** ╱

청국표류도

모리야마 테이지로 지음 | 박화진 · 서광덕 옮김

Painting of Drifting to Qing

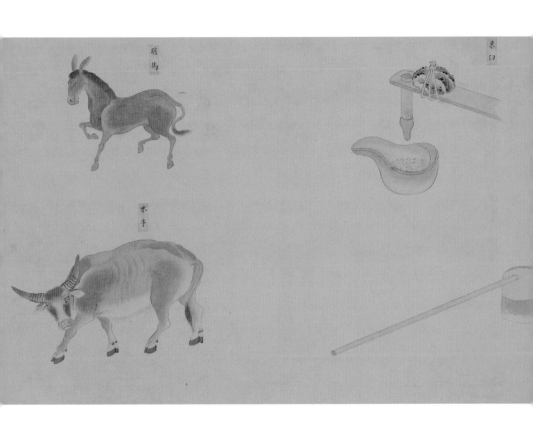

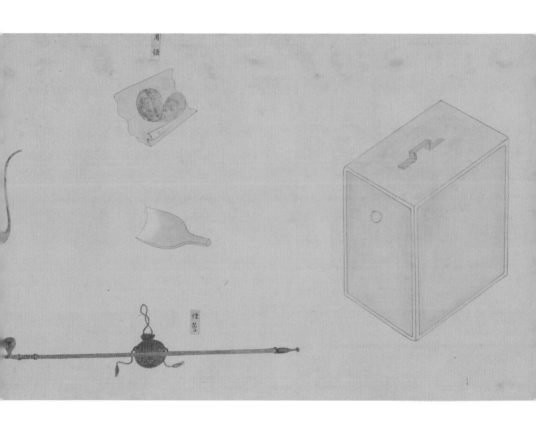

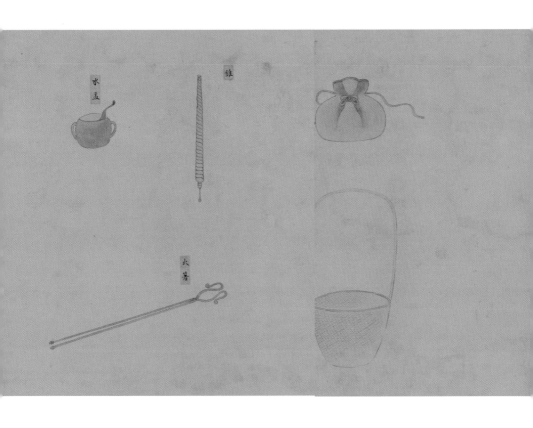

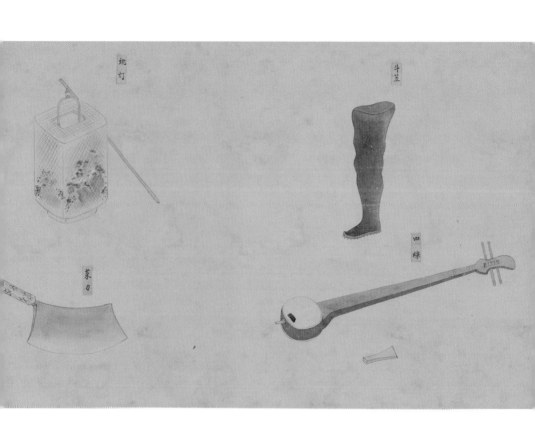

『청국표류도』채색그림

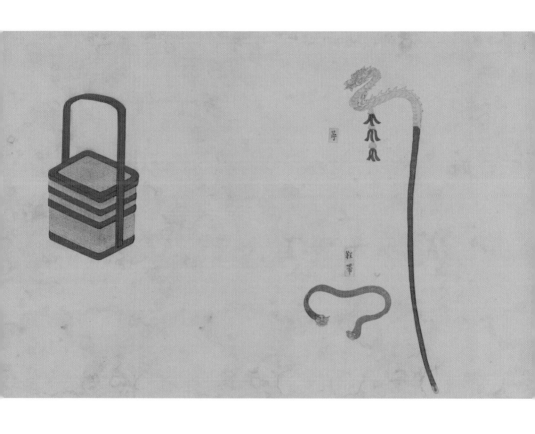

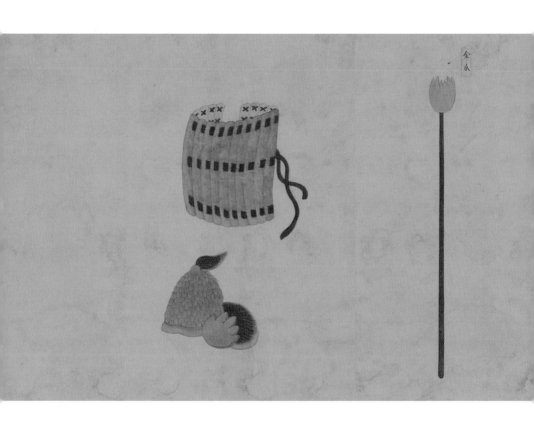

『청국표류도』 채색그림

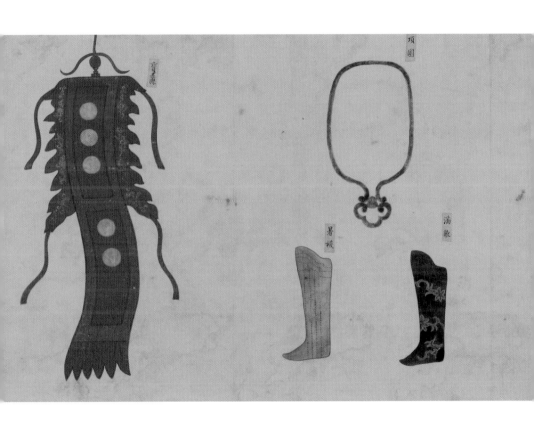

12　『청국표류도』채색그림

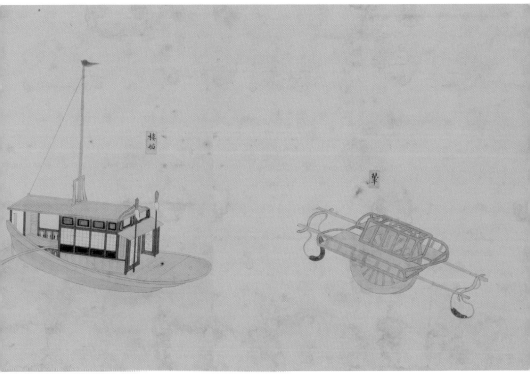

14 『청국표류도』채색그림

『청국표류도』 채색그림

빈 페이지입니다

『청국표류도』채색그림

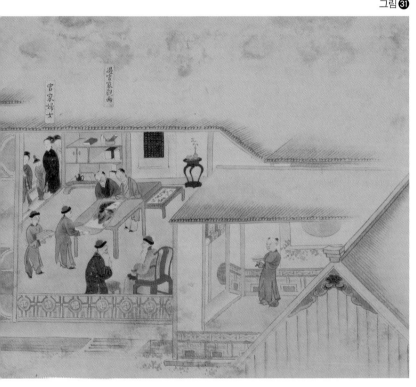

『청국표류도』채색그림

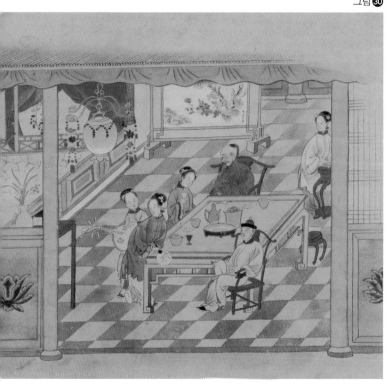

빈 페이지입니다

『청국표류도』채색그림

浙江堤

妓女

그림 **27**

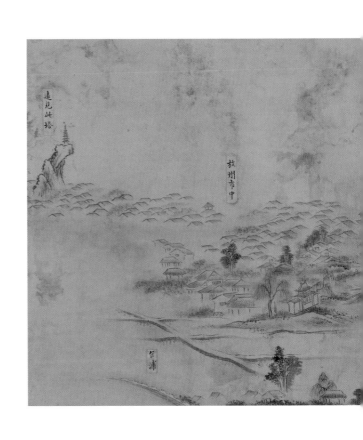

그림 26

草花

『청국표류도』채색그림

　『청국표류도』 채색그림

그림 **21**

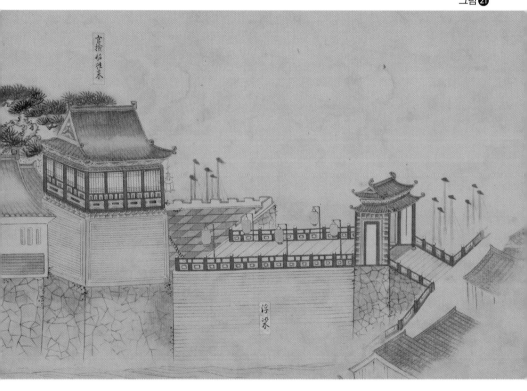

『청국표류도』채색그림

빈 페이지입니다

此地多画舫又不知何名

56 『청국표류도』 채색그림

錦行

『청국표류도』채색그림

『청국표류도』채색그림

『청국표류도』 채색그림

『청국표류도』 채색그림

빈 페이지입니다

76 『청국표류도』채색그림

『청국표류도』채색그림

그림 **8**

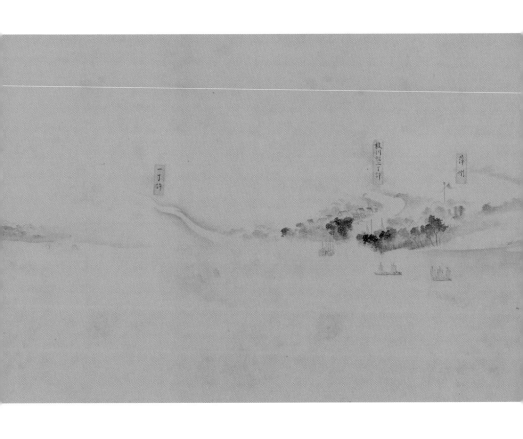

빈 페이지입니다

『청국표류도』 채색그림

그림 ❸

　『청국표류도』 채색그림

부경대학교 인문사회과학연구소와 해양인문학연구소는 해양수산 교육과 연구의 중심이라는 대학의 전통과 해양수도 부산의 지역 인프라를 바탕으로 바다를 중심으로 하는 인간 삶에 대한 총체적 연구를 지향해 왔다. 바다와 인간의 관계에서 볼 때, 아주 오랫동안 인간은 육지를 근거지로 살아왔던 탓에 바다가 인간의 인식 속에 자리잡게 된 것은 시간적으로 길지 않았다. 특히 이전 연근해에서의 어업활동이나 교류가 아니라 인간이 원양을 가로질러 항해하게 되면서 바다는 본격적으로 인식의 대상을 넘어서 연구의 대상이 되었다. 그래서 현재까지 바다에 대한 연구는 주로 과학기술이나 해양산업 분야의 몫이었다. 하지만 인간이 육지만큼이나 빈번히 바다를 건너 이동하게 되면서 바다는 육상의 실크로드처럼 지구적 규모의 '바닷길 네트워크'를 형성하게 되었다. 그리고 이 해상실크로드를 따라 사람, 물자, 사상, 종교, 정보, 동식물, 심지어 병균까지 교환되게 되었다.

이제 바다는 육지만큼이나 인간의 활동 속에 빠질 수 없는 대상이다. 바다와 인간의 관계를 인문학적으로 점검하는 학문은 아직 정립되지 못했지만, 근대 이후 바다의 강력한 적이 인간이 된 지금 소위 '바다의 인문학'을 수립해야 할 시점에 이르렀다. 하지만 바다의 인문학은 소위 '해양문화'가 지닌 성격을 규정하는 데서 시작하기보다 더 현실적인 인문학적 문제에서 출발해야 한다. 그것은 한반도 주변의 바다를 둘러싼 동북아 국제관계에서부터 국가, 사회, 개인 일상의 각 층위에서 심화되고 있는 갈등과 모순들 때문이다. 이것은 근대 이후 본격화된 바닷길 네

트워크를 통해서 대두되었다. 곧 이질적 성격의 인간 집단과 문화가 접촉, 갈등, 교섭해 오면서 동양과 서양, 내셔널과 트랜스내셔널, 중앙과 지방의 대립 등이 해역海域 세계를 중심으로 발생했던 것이다.

다시 말해 해역 내에서 인간(집단)이 교류하며 만들어내는 사회문화와 그 변용을 그 해역의 역사라 할 수 있으며, 그 과정의 축적이 현재의 상황으로 나타난다고 할 수 있다. 따라서 해역의 관점에서 동북아를 고찰한다는 것은 동북아 현상의 역사적 과정을 규명하고, 접촉과 교섭의 경험을 발굴, 분석하여 갈등의 해결 방식을 모색토록 하며, 향후 우리가 나아가야 할 방향을 제시해주는 하나의 방법이라고 할 수 있다. 개방성, 외향성, 교류성, 공존성 등을 해양문화의 특징으로 설정하여 이를 인문학적 자산으로 상정하고 또 외화하는 바다의 인문학을 추구하면서도, 바다와 육역陸域의 결절 지점이며 동시에 동북아 지역 갈등의 현장이기도 한 해역을 연구의 대상으로 삼아 실제적으로 현재의 갈등과 대립을 해소하는 방안을 강구하고, 나아가 바다와 인간의 관계를 새롭게 규정하는 '해역인문학'을 정립할 필요성이 여기에 있다.

이러한 인식 하에 본 사업단은 바다로 둘러싸인 육역들의 느슨한 이음을 해역으로 상정하고, 황해와 동해, 동중국해가 모여 태평양과 이어지는 지점을 중심으로 동북아해역의 역사적 형성 과정과 그 의의를 모색하는 "동북아해역과 인문네트워크의 역동성 연구"를 제안한다. 이를 통해 우리는 첫째, 육역의 개별 국가 단위로 논의되어 온 세계를 해역이라는 관점에서 다르게 사유하고 구상할 수 있는 학문적 방법과 둘째, 동북아 현상의 역사적 맥락과 그 과정에서 축적된 경험을 발판으로 현재의 문제를 해결하고 향후의 방향성을 제시하는 실천적 논의를 도출하고

자 한다.

부경대 인문한국플러스사업단이 추구하는 소위 '(동북아)해역인문학'은 새로운 학문을 창안하는 일이다. '해역인문학' 총서 시리즈는 이와 관련된 연구 성과를 집약해서 보여줄 것이고, 또 이 총서의 권수가 늘어가면서 '해역인문학'은 그 모습을 드러낼 수 있을 것으로 기대한다. 끝으로 '해역인문학총서'가 인간과 사회를 다루는 학문인 인문학의 발전에 기여할 수 있는 하나의 씨앗이 되기를 희망한다.

부경대 인문한국플러스사업단 단장 손동주

차례

『청국표류도』 채색그림   3

발간사   95

범례   100

해제   103

『청국표류도』한글번역본 —————— 125

서문   127

『청국표류도』 상권   135

『청국표류도』 중권   183

『청국표류도』 하권   223

여정지도   262

한국어 연표   263

『청국표류도』원문 —————— 269

용어사전   469

찾아보기   485

범례

이 책의 원본은 일본 와세다대학早稲田大学 중앙도서관 귀중본도서실에 소장되어 있으며(청구기호 : ル 0203129), 와세대대학 고전적古典籍 종합데이터베이스(http://www.wul.waseda.ac.jp/kotenseki/html/ru02_03129/index.html)에서 공개 열람할 수 있다.

고유명사, 지명, 인명 등은 한·중·일 각국에서 사용되는 발음을 기본으로 했다.

이 책에서 부호는 일반적인 용례에 따르지 않고 다음과 같이 사용했다..

( ) : 간단한 추가설명이 필요할 경우 사용한다.

[ ] : 번역문과 뜻은 같으나 음이 다른 한자의 경우 사용한다.

【 】 : 원문 속의 추가설명 부분으로 글자를 작게 하여 기록된 부분이다.

「 」 : 등장인물들 간의 대화에 사용한다. 짧은 필담이나 제스처, 몸짓으로 이해한 대화 등도 이에 포함한다.

『 』 : 책명 및 각주의 인용 전거典據에 사용한다.

' ' : 특정지명, 사물명 등에 사용한다.

추가설명이 필요할 때 간단한 경우는 본문 ( ) 속에 기입하고, 긴 경우에는 각주에서 설명하였다.

원문의 한국어 번역문 작성 시에 다음과 같은 원칙을 고수하였다.

- 날씨 관련 기록(맑음·흐림·비)에 있어 몇 가지 유사한 형태의 표현은 하나의 단어로 통일하였다. 예를 들면 맑음의 표현에 '晴れ',

'晴', '晴天' 등과 같은 다양한 표현을 하고 있는 것에 대해서 '맑음
[晴]'이라고 통일했다.

- 원문 속에서 12간지干支를 사용한 시각·방향 등의 표현에 대해서,
독자들의 이해를 돕기 위하여 현대적 표현으로 수정하였다. 예를
들면 오전 ○○시(간지, 干支), 동북풍(간지, 干支) 등과 같이 현대화하
였다. 또한 에도시대 시간 표현 중에 '이쓰쓰 시[五ッ時]' 같은 표현은
현대 시간용어와의 혼란을 피하기 위하여, 한국어 번역에서는 '5각
五刻'이라는 표현으로 통일하고 ( ) 안에 현재 시각을 넣었다.

- 전근대에 있어서의 한·중·일 삼국에서 사용되었던 도량형度量衡의
거리·무게·길이·높이·폭 등의 단위 기준이 각각 상이하였다. 그
리하여 여기서는 일반 독자들의 이해를 돕기 위하여 ( ) 속에 현재
국제적으로 통용되는 단위를 넣었다. 예를 들면 원문에서는 중국식
이수里數와 일본의 이수里數가 혼동되어 사용되고 있었으므로, 한국
어 번역문에서는 일본 이수로 통일하고 ( ) 안에 현대의 거리단위
를 추가로 넣었다. 일본의 1리는 한국의 10리 즉 4km이고, 중국에
서는 시대에 따라 1리에 400~800m 등 다양하게 나타난다.

- 원문 중에서 청국관리를 나타내는 용어는, '관장官長·관인官人·관역
官役·소관少官·역인役人·두역인頭役人·하역下役' 등과 같이 실로 다양
하였으며 그 정확한 직무의 규명이나 구별이 어려웠다. 그리고 한
국과 일본에서의 관직 직무로 명확히 번역하기 어려운 것도 있었으
므로 모두 관리라 번역하고 ( )에 원문에서의 표현을 추가로 삽입
하였다.

- 두루마리 특성상 그림은 오른쪽에서 왼쪽의 순서로 진행된다.

- 이에 채색그림(3~93쪽)과 흑백 원문(279~477쪽) 부분은 뒤에서 앞으로 읽어야 한다.
- 채색그림과 한글번역본의 그림은 시간 순서에 따라 번호를 부여했다. 하나의 그림이 여러 쪽에 걸쳐 이어지는 경우가 있다.
- 한글 번역본 속 두루마리 그림은 실제 원본의 여백 부분을 수정하였다.
- 원문의 두루마리 그림 중 시간적으로 그림 내용이 그림 위치와 다를 경우, 한글 번역본의 내용에 맞게 그림 위치를 바꾸고 그림 밑에 이 사실을 적기하였다.

원문에서 중국인과 나눈 필담창화 속의 한문체 문장을 한국어로 번역함에 있어 의역意譯을 사용하였다. 200여 년 전 중국어를 모르는 일본인 표류민이 중국인과 필담을 나누며 받아 쓴 한문 문장 중에는 현대 문장으로 해석하기에 애매한 문장들이 적지 않았으므로 의역하지 않을 수가 없었다.

해제

박화진

1. 『청국표류도淸國漂流圖』의 성립과정

민저『청국표류도淸國漂流圖』의 성립과정에 대해 살펴보기로 한다. 이 책은 1814(일본 文化 11, 淸 嘉慶 19, 甲戌)년 사쓰마번 태사太史 하시구치 젠빠쿠쇼우호[橋口善伯祥甫]에 의해 편집 작성된 표류기로서, 1810(일본 文化 7, 淸 嘉慶 15, 庚午)년의 표류 일정을 기록한『청국표류일기淸國漂流日記』를 바탕으로 하고 있다.

『청국표류일기』는 사쓰마번[薩摩藩] 번사 등 29명이[1] 류큐국 나하[那覇]를 출항하여(1810년 7월 22일) 중국 장쑤성[江蘇省] 하이먼[海門]에 표착, 저장성[浙江省] 자푸[乍浦]에서부터 일본 나가사키[長崎]로 입항할 때(동년 12월

---

1 『청국표류도』서문(1814년 작성)에는 28명으로 되었으나, 1810년 7월 22일 죠쿠호에 탑승한 인원은 29명으로 보아야 한다. 11월 25일과 12월 5일 2차에 걸쳐 귀항한 일본인 표류민은 각각 13명씩 탑승하여 귀국한 26명과 표류 도중 사망한 2명(長十·善五郞), 그리고 청국 땅에 상륙한 이후 류큐인임을 청국 관청에 밝히고 이어서 별도로 류큐로 송환된 류큐인 1명(大城親雲上)을 포함한다면, 처음 탑승인원은 모두 29명이다.

23일)까지의 여정을 일기 형식으로 기록한 것이다. 원래 이 배에는 일본인 23명과 류큐인 1명, 오키노에라부 지역민 5명, 총 29명이 승선하고 있었다. 표류 중에 해난사고와 병고로 2명이 죽고, 청국 땅에 표착하였을 때엔 27명이 생존하였다. 그 탑승자 중에 다소 한자를 사용할 줄 알았던 죠쿠호[長久丸] 선장 모리야마 테이지로[森山貞次郎] 및 선원[水夫] 젠스케[善助]는 나하항 출발부터 청국표류를 거쳐 나가사키로 귀국할 때까지 매일 기록해두었던 것(『청국표류일기』)을, 이듬해(1811년) 3월 귀향하자마자 그들의 청국체험담으로 사쓰마번에 제출하였던 것으로 유추된다.

한편 사쓰마번은 이 『청국표류일기』 내용이 대단히 흥미롭고 청국 사회와 생활상에 대해서도 매우 상세하게 기록되어 있다는 점 등에서 깊은 관심을 보이게 되었다. 다만 그 원문 표현이 방언들을 다소 많이 사용하고 있어 뜻이 애매하거나 비속한 단어들이 많았으므로 사쓰마번 기록관의 첨삭·수정 등을 거쳐, 또한 의문이 가는 곳은 모리야마 테이지로 등에게 문의하는 한편으로 43장의 그림을 새로 추가해, 『청국표류도』가 탄생하게 되었다. 이에 수정된 문장은 사콘죠 쥰카[左近允純蝦], 그림은 사콘죠 쥰카[左近允純蝦]·니시 세이비[西清美]·히고 세이유[肥後盛邑] 등에 의해 추가되었으며, 서문은 태사太史 하시구치 젠빠쿠 쇼우호[橋口善伯祥甫]가 맡아 최종적으로 상·중·하 3권의 두루마리로 완성하게 되었다.

『청국표류도』의 상권은 1810년 7월 22일부터 9월 27일까지(폭 40cm×길이 2,312.8cm), 중권은 같은 해 9월 28일부터 10월 25일까지(폭 40cm×길이 2,217.4cm), 하권은 같은 해 10월 25일부터 12월 23일까지(폭 40cm×길이 2,365.8cm)의 표류일기로 구성되어 본문과 관련 그림이 좌우로 각각 배치되어 상호대조를 이루며 관련 내용을 설명하고 있다. 상·중·하 3개의 두루마리 속 그림들은 나하항 출발 장면(7월 22일)에서부터, 6척이 넘는 파도가 배를 뒤덮어 발생한 익사사건(7월 28일), 그리고 표류 중 청국 여러 지역에서 체험한 서민생활과 자연·도시모습(전원·성곽·거리·가옥·상점·항구 등), 청국인의 생활도구(수레·가마·누선·의복·모자·신발·버선·등불·불젓가락·맷돌·칼·물소·담뱃대·나귀·은화 등)와 조선 속도屬島의 인물·선박 등에 대해서 매우 구체적으로 묘사하고 있다.

이 그림들은 일본인이 바라본 청국 모습, 특히 중국 강남지역에 대해 매우 상세하게 묘사하고 있어 19세기 초 청국 사회와 서민생활상 및 일본인의 자타인식에 접근할 수 있는 귀중한 화회자료로서 동아시아 연구자들에게 매우 높이 평가되고 있다. 현재 원본은 일본 와세다 대학早稻田大學 중앙도서관 귀중본도서실에 소장되어 있으며(청구기호 : ル 0203129), 와세다대학 고전적古典籍 종합데이터베이스(http://www.wul.waseda.ac.jp/kotenseki/html/ru02_03129/index.html)에 일반 공개되어 있으므로 누구나 쉽게 자료에 접근할 수 있다.

『청국표류도』에 대한 기존 연구는 柳澤明의 「《清国漂流図》と清朝の檔案史料－大城親雲上に関する記載をめぐって」(『年次研究報告書』第6號, 日本大学文理学部情報科学研究所, 2006), 劉序楓의 「天涯遍歷是神仙－清代日本人的江南見聞録－〈清國漂流圖〉」(『東亞文哲研究叢刊』5, 中央研究院中國文哲研究所, 2018) 등을 대표적으로 들 수 있다. 다만 『청국표류도』 원문이 일본 에도시대 헨타이가나変体仮名로 쓰여 있어 그 전문이 아직 번각翻刻(고서적이나 고문서 등에 사용된 초서체 글자를 읽어서 원본에 쓰인 그대로 일본어로 활자화하는 것을 일컬음)이나 현대일본어로 해석되어 있지 않아, 일반 연구자들의 이용에 매우 많은 어려움이 있었다. 그리하여 19세기 전반 동북아시아 표류사에 매우 중요한 의의를 지닌 『청국표류도』에 대한 연구가 전반적으로 그다지 활성화되지 못하였던 것 같다.

이에 헨타이가나로 쓰여진 『청국표류도』의 한국어번역을 시도하였으며, 또한 일반 독자들의 이해를 돕기 위하여 '연표'·'표류 여정지도' 등을 추가하였다. 또 약 200여 년 전, 한·중·일 삼국에서 사용되던 도량형·풍향·방향 등 용어상의 차이를 극복하기 위해 '용어사전'을 말미에 추가하기로 하였다.

한편 초서체 헨타이가나 문장의 한국어 번역 작업에는 적지 않은 어려움이 있었다. 예를 들면 약 200여 년 전 한문에 익숙하지 않았던 일본인이 청국에서 중국인과 나눈 필담 속에 나오는 한문의 경우, 정확히 어떤 내용인지 해석하기 힘든 경우가 적지 않았다. 나아가 중국 지명이나 인명 등의 고유명사 표기에 있어 다소 애매한 표현이나 오류도 있었으며, 그리고 현재 일본이나 한국에서 사용하지 않는 한자 사용도 적지 않았다. 이에 한국어 번역에 있어서의 몇 가지 규칙을 제시한다.

첫째, 『청국표류도』 원문체제는 세로쓰기였으나 한국어 번역문의 경우, 현행 한국어 문장 사용용법을 고려하여 가로쓰기 체제로 하였다. 원문의 한 문장 단락 길이가 너무 길어 한국의 일반적인 인쇄 양식으로는 세로쓰기 체제가 힘들다고 생각하지 않을 수 없었다.

둘째, 원문 속에 기록된 일본·중국의 지명·인명·연호 등의 사항에 대해 그 나라의 현지 발음으로 번역하는 것을 원칙으로 하고 [ ] 속에 원문 한자를 넣었다. 그리고 풍향·방향·시각 등의 경우 자축子丑 방향이나 축시丑時 같은 전근대 일본식 표현은 한국 독자의 이해를 돕기 위해 현행 동·서·남·북 방향 및 현대식 시간 양식으로 번역을 시도했으며,

간략한 것은 ( )을 이용하여 보충하고 좀 더 구체적인 설명이 필요한 것은 각주를 이용하였다.

셋째, 원문에서 사용되고 있는 중국과 일본의 도량형(거리·무게·길이·높이·면적·폭 등)의 단위 표현이 서로 다르고 현대의 도량형 단위와도 다르므로 혼돈을 피하기 위하여, 현재 국제사회에서 통용되는 단위(km·m·cm, kg·g, m2 등)로 통일하였으며 추가 설명이 필요한 경우에는 각주를 이용하였다.

2. 『청국표류도』의 표류여정

선장 모리야마 테이지로를 포함한 29명은 1810년 7월 22일 류큐 나하항을 출발하여, 23일 도리시마[鳥島](오키나와현 시마지리군 구메지마정 유오우 도리시마]를 향하여 북북동 방향으로 달리다가 24일부터 강풍과 악천후 속에 표류하기 시작하였다. 그리하여 중국어선에 의해 구조되어 9월 4일 중국 하이먼[海門] 강가에 표착하기까지, 약 41여 일 동안 표류하여 험난한 바다 위에서 몇 차례나 죽을 고비를 넘기게 되었다. 이는 『청국표류도』 서문 속의 '한 줄기 갈대처럼 쓰러져 전복될 찰나의 곤궁과 진실로 목숨을 건 위험, 극한 상태의 슬픔 등등, 이루 다 말로는 표현할 수 없다'는 표현 속에서도 잘 살펴볼 수 있다.

그림을 포함하여 『청국표류도』 상·중·하 3권의 길이는 총 6,896cm, 약 70m에 이르는 매우 긴 두루마리 책자로서, 여기에 묘사되어 있는 표류과정 및 중국 체험담은 우리들의 흥미를 불러일으키는 무궁무진하게 재미있는 이야깃거리들로 가득 차 있다. 다만 독자들의 이해를 돕기 위해 『청국표류도』의 표류여정(1810년 7월 22일~동년 12월 23일 나가사키 입항)을 해상 표류기간(7월 22일~9월 4일)·중국 체재기간(9월 5일~11월 26일·12월 5일)·일본 귀항기간(12월 5~23일)의 3단계로 나뉘어 간략히 소개하고자 한다.

표류여정의 첫 번째 기간(7월 22일부터 9월 4일까지)은, 우선 죠쿠호[長久치]의 나하 출항에서부터 시작된다. 그들의 목적지이었던 사쓰마번으로 가기 위해 나가사키현 고토열도 메시마[五島列島女島]를 향해 달리다가 표류가 시작되었다. 즉 7월 24일부터 갑자기 악화된 기상상태로 인하여 같이 출발한 부속선 다이호호[大宝치]도 7월 25일 아침 시야에서 사라져 버리고, 본선 죠쿠호는 한줄기 나뭇잎처럼 질풍노도에 휩쓸려 41여 일 동안 표류하게 되었다. 도중에 조선의 서남해안 근처 작은 섬에 접근하여 상륙을 시도하였으나, 도민들의 거부로 상륙하지 못하고 또다시 표류를 계속하게 되었다. 그러던 중, 8월 25일경 중국 동쪽 얕은 바다에 도달해, 처음에 중국 배('강남상선')를 만나 구조를 요청하였으나 일본 쪽 인원수가 많은 까닭에 구조되지 못하였다. 그 후(8월 26~30일까지) 계속 동중국해 쪽의 얕은 바다로 떠내려가, 죠쿠호는 마침내 삼각주에 올라타 앞으로 나아가지도 뒤로 물러나지도 못하는 상황이 일어나고 말았다. 추측컨대 아마도 중국 장쑤성[江蘇省] 동쪽 바닷가에 길게 펼쳐지는 장사長沙·북사北沙·요사瑤沙·암사暗沙 일대 수심이 얕은 해안에 근접한 것으로 보인다. 드디어 8월 30일 죠쿠호가 파선될 찰나, 두 척의 중국 어선에 구조되어 그 구조 어선으로부터 음식과 물을 공급받아 먹고 마실 수 있게 되었다. 한편 이들을 구조한 중국 어선은 8월 30일부터 닷새 동안 밤낮으로 남

하하여, 9월 4일 오후 4시경 강폭이 2리里(8km) 정도 되는 하이먼청[海門
廳] 관할 내 포구에 도착하였다. 이어서 한참 동안 강을 거슬러 올라 강가
에 배를 정박한 것으로 추정되는데, 다만 한밤중이라 상륙을 하지 못하
고 이튿날(9월 5일) 새벽, 육지로 상륙하게 되었다.

두 번째 중국 체재기간(9월 5일~11월 26일·12월 5일)은 하이먼청 해안
상륙에서부터 일본으로 출항하기까지² 중국 내에서 이동하며 체재하게
된 기간을 말한다. 우선 9월 5일 새벽 상륙한 일본인들은 중국인 민간

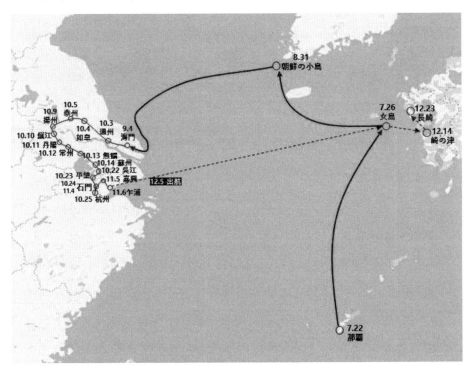

〈그림 1〉 일본 표류민의 전체 여정 지도(1810.7.22~1810.12.23)
* 실선은 표류민 왕로, 점선은 표류민 귀로임.

---

2 일본으로 귀국할 때 13명씩 두 팀으로 나뉘어, 1810년 11월 26일과 동년 12월 5일 두 그룹으
   로 나뉘어 자푸항에서 출항하였다.

<table>
<tr><td>9월 5일
하이먼[海門]
원해사[圓海寺]</td><td>육로
10리</td><td>9월 6일
밍저우촌
[名州村]</td><td>육로
10리</td><td>9월 6일~10월 2일
핑저우성[萍州城]
에서 체재</td><td>육로
12리 반</td><td>10월 3일
통저우[通州]의
자영묘[紫英廟]</td><td>수로
22리</td><td>10월 4일
루가오현
[如皐縣]</td></tr>
</table>

수로 *25리

<table>
<tr><td>10월 5일
타이저우
[泰州]</td><td>수로
25리</td><td>10월 9일
쩡텅읍[曾藤邑], 허즈[賀芝]를
지나 양저우[揚州] 도착</td><td>수로
6리</td><td>10월 10일
전장현
[鎭江縣]</td><td>수로
*90리</td><td>10월 11일
단양현
(丹陽縣)</td><td>수로
*90리</td><td>10월 12일
장저우
[常州]</td></tr>
</table>

수로 *90리

<table>
<tr><td>10월 13일
우시현
[無錫縣]</td><td>수로
*80리</td><td>10월 14~21일
쑤저우[蘇州]
서광사(瑞光寺)에서
체재</td><td>수로
6리</td><td>10월 22일
우장현
[吳江縣]</td><td>수로
6리</td><td>10월 23일
핑왕현[平望縣], 허푸[賀付],
시수이역[西水驛] 경유</td><td>수로
*60리</td><td>10월 24일
스먼현
[石門縣]</td></tr>
</table>

수로 이동, 거리 미상

<table>
<tr><td>10월 25일~11월 3일
왕스촌[望墅村] 경유
항저우[杭州] 체재</td><td>수로 이동
거리 미상</td><td>11월 4일
스먼현
[石門縣]</td><td>수로
16리</td><td>11월 5일
자싱현
[嘉興縣]</td><td>수로
*30리</td><td>11월 5일
핑후현
[平湖縣]</td><td>수로
*30리</td><td>11월 6일~12월 5일
자푸[乍浦]에서 체재</td></tr>
</table>

〈표 1〉『청국표류도』의 중국 강남 지역 여정거리

※ 거리는 중국인에게 물은 일본인의 기록이므로 현재의 거리 개념과 다소 다를 수 있지만 이해를 위해 여정도를 제시한다. 일본의 리 수를 기준으로 기입하였지만 일본의 리 수 정보가 없을 때에는 *를 붙여서 중국의 리 수를 기입하였다.

인과 관리들을 만나 그들의 표류 사실을 전하고 이후 청국 관리 경호하에 수십 대의 수레에 나뉘어 타고 육로로 이동하여 원해사圓海寺라는 사찰에 숙박하게 되었다. 9월 6일 하이먼 지역 읍치邑治인 핑저우성[萍州城]에 도착하여 관청에서 일본 표류민들에 대한 심문이 이루어져 이후 10월 3일 통저우[通州] 지역으로 출발할 때까지 이곳에서 26일 동안이나 체재하며 하루 삼시세끼 식사 등이 숙소 경요묘瓊瑤廟 앞 찻집에서 제공되었다. 청국의 표류민 송환체제는 기본적으로 명대의 송환 시스템을 계승한 것으로 보인다. 표류민에 대한 심문은 일반적으로 필담 또는 통역을 통하여 이루어졌으며, 『청국표류도』에서는 표류의 연유·과정을 비롯하여 국적·이름·신분·출신고향·거주지 등에 대한 심문이 필담으

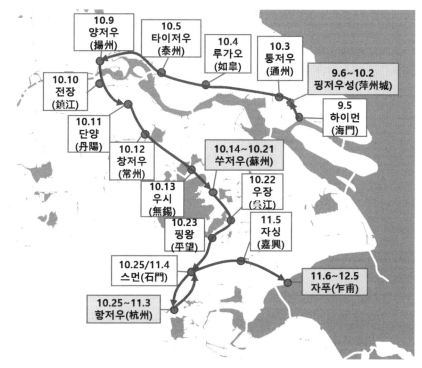

〈그림 2〉 일본 표류민의 중국 상륙 이후 여정지도(1810.9.5~1810.12.5)
참조 : 〈그림 1〉·〈그림 2〉는 『청국표류도』를 참조하였음

로 이루어졌다.

한편 중국내 경유지에 대해 살펴보면 상륙을 하였던 하이먼[海門, 9월 5일
: 圓海寺 숙박] – 밍저우촌[名州村, 9월 6일] – 핑저우성[萍州城 : 하이먼청의 邑治, 9월 6일~10
월 2일 : 瓊瑤廟 26일간 숙박] – 퉁저우[通州, 육로 이용 10월 3일 : 紫英廟 숙박] – 루가오현[如皐
縣, 水路 이용, 10월 4일 민가 창고에서 숙박] – 타이저우[泰州, 10월 5일] – 쩡텅읍[曾藤邑, 10월
7일] – 허즈[賀芝, 10월 8일] – 양저우[揚州, 10월 9일] – 전장현[鎭江縣, 10월 10일] – 단양
현[丹陽縣, 10월 11일] – 창저우[常州, 10월 12일] – 우시현[無錫縣, 10월 13일] – 쑤저우[蘇
州, 10월 14~21일, 瑞光寺 8일간 숙박] – 우장현[吳江縣, 10월 22일] – 핑왕현[平望縣]·허푸

[賀苻, 10월 23일] — 시수이역[西水驛] · 스먼현[石門縣, 10월 24일] — 왕스촌[望溪村, 10월 25일] — 항저우[杭州, 10월25~11월 3일, 寺廟 8일간 숙박] — 스먼현[石門縣, 11월 4일] — 자싱현[嘉興縣] · 핑후현[平湖縣, 11월 5~6일] — 자푸[乍浦, 11월 6일~12월 5일, 寺刹 숙박]의 여정이었다. 10월 23일의 핑왕현 · 허푸 지역까지는 장쑤성[江蘇省] 관할 지역이고, 10월 24일의 시수이역부터 자푸까지는 저장성[浙江省] 관할 지역이었다.

세 번째 일본으로의 귀항은 모두 중국선박을 이용하였는데, 일본으로의 제1차 출발은 11월 26일 승선 · 11월 27일 출항, 제2차 출발은 12월 5일 승선 · 출발로서, 모두 자푸항에서 출발이었다. 대개 청조 시기, 일본인 표류민 송환은 저장성 자푸[乍浦]에서, 류큐인 송환은 푸젠성[福建省]에서 출항한다는 송환체제가 명대부터 성립되어 있었던 것 같다. 『청국표류일기』를 기록한 모리야마 테이지로 일행 13명은 제2차 출발의 12월 5일, 중국 선박 진위안바오호[金源寶, 선장 徐荷丹]에 탑승하여 자푸[乍浦]항을 출항, 북동 방향으로 달려갔다. 한편 12월 12일경 고토열도 메시마[女島]를 발견하여 나가사키로 향하였으나 강풍으로 인하여 입항하지 못하고 방향을 돌려서 12월 14일 아마쿠사 사키노즈[天草の崎の津] 인근에 도착, 다음날(12월 15일) 일본인 관리 안내 하에 사키노즈로 입항 · 체재하게 된다(12월 15~21일). 이윽고 나가사키 부교소[奉行所]의 허락이 떨어지자 12월 23일 나가사키로 입항하여, 이듬해(1811년) 3월 고향(사쓰마 지역 등)으로 귀향할 때까지 나가사키에 머물면서 청국 표류 전말 등에 대해 나가사키 부교[長崎奉行]의 심문을 받았던 것으로 유추된다.

일반적으로 외국으로 표류했던 일본인들은 대개 나가사키로 입항하는데, 나가사키 부교소[長崎奉行所]의 표류민 심문은 시라쓰[白洲](에도시대 관청의 법정으로 일반적으로 흰 자갈이 깔려있다 하여 시라쓰라고 일컬었다)에서 먼저 후미에[踏繪](그리스도인을 구별해내기 위하여 예수 그리스도 및 성모마리아가 그려진 그림을 밟고 지나가게 하는 것)를 하게 한 다음, 다음과 같은 심문이 이루어졌다. 예를 들면 ① 그대들은 언제 자기가 사는 곳을 출항하였는가, ② 해상에서 강풍을 만나 외국으로 표착하게 된 연유, ③ 불교의 종파, ④ 왕래 통행증 등의 소지 여부, ⑤ 외국에서 무역 및 장사와 같은 행위를 하였던가 여부, ⑥ 외국에서 출항한 시기 등에 대한 심문들이 이루어져, 성실하게 대답할 것이 요구되었다.

3. 일본 표류민의 청국 인식

1) 일본 표류민의 자타인식

1810년 7월 22일 나하항을 출발한 죠쿠호는 얼마 되지 않아 강풍과 악천후 속에 고군분투하기 시작하여, 7월 27일 짐을 버리고 머리카락을 잘라 바다에 던져 넣어 안전을 기원하고, 7월 28일 6자[尺](180cm)가 넘는 파도가 수차례 배 위를 넘나들며 수부 죠쥬[長十]가 익사하는 등, 이후 한동안 어디가 어디인지 분간할 수도 없이 정처 없이 떠내려가게 되었다.

한편 8월 10일경 선장 모리야마 테이지로는 타국(청국) 표착에 대비하여 비일본인 복장을 한 여섯 명, 즉 오키노에라부[沖永良部] 지역 출신 5명과 류큐국 출신 1명을 불러내어 그 이마 위 머리카락과 콧수염을 밀고 일본인 옷으로 갈아입혀서, 이름도 일본식으로 바꾸어 일본인 모습으로 변장시켰

다. 이는 청국으로 표류하게 될 경우, 사쓰마인과 류큐인의 동승은 해금 정책을 강화한 청조 정부의 의심을 받게 되므로, 사쓰마번은 류큐 지배 사실을 은폐하려 하였고, 류큐국 또한 중국과의 조공관계에 영향을 받을 수 있다고 염려하여 사쓰마와의 관계를 일체 부정하고자 하였다. 류큐국에서는 타국 표류시의 주의사항 및 관련 법령이 여러 차례 발포되고 있음을 찾아볼 수 있다. 赤嶺守, 「清代の琉球漂流民送還体制について：乾隆25年の山陽西表船の漂着事例を中心に」, 『東洋史研究』, 58(3), 1999, pp.3~4

우여곡절 끝에 구조된 일본 표류민들은 중국 하이먼[海門] 지역에 상륙 (9월 5일), 하이먼 읍치 평저우[萍州]에서 심문을 받을 때 모두 일본인이라고 답변하였으며(9월 6일), 이곳에서 약 26일 동안이나 체재하였다. 그런데 9월 16일, 얼마 전까지 일본인 모습을 하고 있던 류큐인이 갑자기 다시 류큐인 복장으로 갈아입고 평저우 관청에 찾아가 필담으로, 자신의 이름을 '중산국 오시로 빼친[中山國大城親雲上]'이라고 밝히며 푸젠[福建]의 류큐관[琉球館]으로 호송해 줄 것을 탄원하는 바람에 일대 소동이 벌어지게 되었다. 그리하여 모리야마 테이지로 일행 모두가 관청에 호출되어 심문을 받고 다시 풀려났으며, 오시로 빼친은 이날 바로 다른 숙소로 옮겨졌다가 얼마 안 있어 푸젠으로 송환되었다. 청국에 표류된 류큐인의 경우, 푸저우[福州, 福建]에서 류큐로 송환되는 체제가 명대 이후 성립되어 있었기 때문이다. 이외에도 청조 시기, 산둥·장쑤·저장·푸젠·광둥성에 이르는 중국 동해 연안 각 지역에 상당한 숫자의 일본 및 류큐 선박 표착 사례가 발견되는데, 상기 표류 사례와 같이 청국과 일본·류큐 각국 사이에는 서로 다른 자타인식이 존재하였음을 살펴볼 수 있다.

2) 일본 표류민의 청국 인식

(1) 일본 표류민 눈에 비친 청국 풍경

선장 모리야마 테이지로 일행 27명은 최초 상륙지 하이먼에서부터 일본으로 가는 선박이 출항하는 저장성 자푸[乍浦]까지 육로 및 수로로 이동하면서, 창강[長江, 일명 양쯔강] 일대의 장쑤성[江蘇省]·저장성[浙江省] 지역의 중국사회와 민중생활을 직접 체험하였다. 특히 장쑤성의 핑저우[萍州, 9월 6일~10월 2일까지의 26일간]·쑤저우[蘇州, 10월 14~21일, 8일간], 저장성[浙江省]의 항저우[杭州, 10월 25일~11월 3일, 8일간]·자푸[乍浦, 11월 6일~12월 4일, 28일간] 네 개 지역에서는 8일에서 28일간에 이르는 장기체재를 하면서 번화한 시가지 풍경과 특산품 가게 등을 구경하였으며, 중간 경유지 여러 곳에서는 목면·비단가게를 비롯한 기와공장, 도자기상점·직물상점·골동품상점 등을 구경하기도 하였다.

『청국표류도』속에 나타난 일본인 표류민의 청국 인식에 대해 살펴보면 가는 곳곳마다 찻집이 많아 사람들로 활기찼으며, 고깃집과 술집 등 넓고 화려한 가게들이 너무 많아서 눈이 휘둥그레질 정도였다고 누차 강조되고 있다. 그리고 광활한 논밭의 풍경, 민가 앞뒤로 왕래하는 많은 선박 모습은 창강[長江] 주변 강남 지역의 운하를 이용한 수로 풍경 모습이며, 금산사[金山寺3]와 한산사[寒山寺4]를 바라보면서 한 폭의 그림으로 그려

---

3 『청국표류도』 중권.
   "10월 10일 맑음. 큰 강 입구에 도착하였다. (…중략…) 양쯔강의 금산사(金山寺)라고 하였다. 너무 멋진 절경으로 마치 한 폭의 그림으로 그린 것 같았다."

4 『청국표류도』 중권.
   "10월 14일 맑음. (…중략…) 산 중앙에 탑이 하나 있었는데, 중국인이 붓으로, 「이것은 한산사(寒山寺)이다」라고 썼다. 정말로 아름답기 그지없는 명승 절경이었다. (…중략…) 거기서부터 쑤저우[蘇州] 성내 시가지에 도착하였다. 하천 폭은 20칸[間, 약 36m] 정도이며, 민가들이 강 상류까지 이어져 있었다. (…중략…) 시내를 반 리(里, 2km) 정도 함께 구경하면서 지나갔는데 그 광활하고 번화한 모습에 우리

놓은 명승절경이라고 감탄을 금치 못하였다.

(2) 청국인의 눈에 비친 일본표류민

9월 5일 청국 땅에 처음 상륙하여 표류전말을 문의하였을 때 일본인이라고 밝힌 모리야마 테이지로를 비롯한 일본인 표류민 27명에 대한 청국 강남지역의 인식은 어떠했을까. 죠쿠호에 탑승한 에라부지마 출신 5명과 류큐인 1명의 머리카락과 수염을 밀고 옷도 일본인 의복으로 갈아 입혀 일본인으로 변장시켜 전원 모두 일본인임을 강조한 이들 표류민에 대해, 청국 서민들은 그다지 신빙하지 않고 이들 표류민 모두에 대해 여전히 류큐인이라고 인식하였음을 살펴볼 수 있다.

핑저우[萍州]의 지현知縣이라 불리는 청국 관리 및 쑤저우[蘇州] 지역의 교사 등은 모리야마 테이지로 등 일본인의 예복과 하오리, 그리고 이마에서 밀어올린 머리 모양과 일본도 등에 매우 깊은 관심을 보이고 있다.[5]

그러나 장쑤성과 저장성의 일반 시민들은 테이지로 등 표류민 일행(26명)[6]이 거짓말을 하고 있다고 생각하고 있음을, 쑤저우(10월 18일)[7] 및

모두 눈이 휘둥그레져 깜짝 놀랄 뿐이었다."
5 『청국표류도』 상권.
   "9월 18일 맑음. 이른 새벽에 관리[役人]가 찾아와, 손짓으로 지사[大老爺]【知縣이라는 관리이다】가 경요묘에 온다고 알려 주었다. 이에 우리는 모두 정장을 하고 기다렸다. (…중략…) 지사[大老爺]가 허리를 굽혀 인사를 하는 것처럼 보였다. 내 머리를 어루만지며 하오리[羽織] 등을 손에 쥐고 만져 보았다. 그러자 곁에 있던 관리[役人]가 손짓으로, 「일본도를 가지고 있는가? 가지고 있으면 지사님에게 한번 보여 주시게」라는 의미이었다. 이에 와키자시[脇差]를 두개 끄집어내어 보여 드리자, 정말로 감탄하는 것처럼 보였다. 조금 있으니, 「상자 안에 잘 보관하시오」라고 말하였다."
6 죠쿠호에 탑승하였던 류큐인 1명은 9월 16일 오시로 빼친이라 이름을 밝히며 청국관청에 일본인이 아님을 밝혀 9월 16일부터 숙소와 송환 과정도 별도 행동을 취하게 되어, 일본인 표류민은 26명이 됨.
7 『청국표류도』 중권.
   "10월 18일 비. 근처에 사는 유력자의 집[豪家]으로 관리[役人]와 함께 놀러 갔는데, 깨끗한

항저우(10월 25일) 시민들 모습 속에서 찾아볼 수 있다. 즉 쑤저우 어느 유력자 집으로 초대받아 나눈 필담 중에서, 「류큐를 모른다」는 모리야마 테이지로에 대해서 「당신은 본래 류큐인이면서 왜 무엇 때문에 류큐인이라는 것을 은폐하는가」라는 비난을 받았다. 그리고 10월 25일 일본인 표류민들이 항저우 시내로 들어갔을 때 시민들이 누각 위로 몸을 내밀어 류큐국을 의미하는 '중산국'을 외치는 것으로 보아,[8] 일본인보다는 류큐인이라는 인식이 더 강했던 것 같다.

(3) 청국의 일본인 표류민 구휼

한편 청국의 일본인 표류민에 대한 구휼은 어떠했을까? 의외로 그 접대 및 구휼 하사품 등이 매우 성대하고 융숭하였음을 알 수 있다. 『청국표류도』에 의하면 어선에 의해 구조되어 하이먼[海門] 강가에 상륙한 이후, 매일 삼시 세끼 식사가 제공되었으며 그 식사 내용도 매우 충실했던 것 같다. 생선과 돼지고기를 비롯한 고기 반찬과 다양하고 많은 종류의 요리들이 기본적으로 제공되었던 것 같다. 그리고 경유지의 각 관청에서는 돈과 담배, 종이 등이 지급되었으며 때로는 옷과 신발, 이불 등도

방으로 들어가자, 차를 내오고 만두 등을 가지고 왔다. 조금 있으니 한 사람이 벼루를 가지고 나오자, 그 집 주인이 필담으로, 「류큐인이 푸젠[福建]에 상주하고 있는데, 매년 이곳으로 와서 생사 무역을 많이 하고 있다. 당신은 알고 있는가」라고 물었다. 내가 대답하기를, 「나는 류큐인을 알지 못합니다」라고 말했다. (…중략…) 이어서 필담으로 그가, 「당신은 본래 류큐인이면서 왜 무엇 때문에 류큐인이라는 것을 은폐하는가」라고 물었다. 이에, 「나는 은폐하고 있지 않다. 정말로 류큐를 모른다」라고 대답했다."

8 『청국표류도』 하권.
"10월 25일 흐림. (…중략…) 시내를 1리(里, 4km) 정도 지나 14~15여 개 돌다리 밑을 빠져나오자, 누각으로부터 사람들이 모두 몰려 나와 「중산국(中山国), 중산국(中山国)」이라 외치는 소리가 분명하게 들렸다. 그리하여 돌다리[石橋] 근처에 배를 정박했다. 여기까지 성곽 안으로 지나오기를 3리(里, 12km) 남짓 되었다."

하사되었다.

혹 표류민 중에 병자가 발생하였을 경우, 의사가 왕진을 와 치료해 주었으며 때로는 하급 관리가 하루종일 곁에서 시중을 들면서 간호하기도 하였다. 높은 신분의 관리가 종종 찾아와, '불편한 점은 없는지, 식사가 모자라지는 않은지, 또 다른 병자가 있는 것은 아닌지' 하고 문의하며 보살펴 주었다. 또 때때로 상당히 많은 양의 돼지고기 등을 보내어 준다든지, 관청이나 집으로 초대하여 풍성한 연향접대를 베풀기도 하였다. 족자를 비롯하여 일본에서 잘 맛볼 수 없는 용안육 및 얼음설탕 등도 선물로 하사하였으며, 일본인 표류민들이 체재한 숙소 주변의 민간인들도 종종 술과 여러 가지 음식들을 가져다주었다.

청국에 상륙한 하이먼(읍치는 핑저우)에서부터 일본행 귀항선을 타고 자푸항을 떠나기까지 일본표류민 26명이 받은 청국 관청에서 베푼 여러 차례의 연향 접대와 구휼하사품에 대해 정리한 것이 〈표 2〉이다. 〈표 2〉에서 26명 각 개인에게 하사한 접대와 구휼에 대해 경유한 순서에 따라 살펴보면 핑저우에서 돈 1쾌와 옷 1벌씩(10월 3일), 퉁저우에서 돈 100문文씩, 루가오현에서 돈 200문文씩, 타이저우에서 돈 200문文씩, 쑤저우에서 은 4냥兩씩, 핑왕현·스먼현에서는 담배를, 항저우에서는 성대한 연향접대, 핑후현에서는 돼지고기 등이 하사되었다.

특히 청국에서의 최종 경유지 자푸에서는 수차례 연향이 베풀어지고 돼지고기·담배·종이가 지급되었는데, 일본 귀항을 앞둔 11월 18일에는 26명에게 특별히 이불(2개)·수건(1개)·큰 보자기 1개, 신발 2켤레, 솜 목면 1개, 솜 겉옷 1개, 겉옷(안감) 1개, 궤짝 1개, 잎담배 2꾸러미, 종이 400장 등이 특별히 하사되었으며, 11월 25일엔 매우 성대한 전별

〈표 2〉 청국의 일본인 표류민 구휼 하사품

월	일	지역(관청)		관청의 구휼 내용
9	7	장쑤성[江蘇省]	핑저우[萍州]	식기 구비 및 1일 3식의 제공(조식은 죽, 밥은 2번)
	14			목욕탕에 데리고 감(1인당 목욕비 30문, 관청 지급).
	20			돼지고기 10근을 하사함.
	27			목욕을 데리고 감.
10	2			위안(元)이라 불리는 부자, 미곡 10포대(15되)·전 10관문 기부.
	3			핑저우, 1인당 돈(1쾌)과 옷 1벌씩 하사함.
	4		퉁저우	퉁저우[通州], 1인당 돈 100문씩 하사함.
	5		루가오현	루가오현[如皐縣], 1인당 돈 200문씩 하사함.
	6		타이저우	타이저우[泰州], 1인당 돈 200문씩 하사함.
	21		쑤저우	쑤저우[蘇州], 1인당 은 4냥씩 하사함(모리야마 테이지로, 162냥—선박 닻·침수미곡대금—받음).
	23		핑왕현	핑왕현[平望縣] 관청에서 담배를 하사함.
	26	저장성[浙江省]	항저우[杭州]	한림원 근처 관청, 성대한 향응 접대를 해줌.
11	4		스먼현	관에서 담배를 하사함.
	6		핑후현[平湖縣]	관리, 돼지고기를 많이 하사함.
			자푸[乍浦](오후착)	술·고기 등 매우 성대한 접대, 3식 식사 요리가 매우 좋음.
	7		자푸	관리, 1인당 담배 2꾸러미와 갱지 100장씩 하사함.
	8			관리, 돼지고기 10근 하사함.
	15			관리, 1인당 담배와 갱지 하사함.
	18			1인당 이불 2개, 수건 1개, 큰 보자기 1개, 신발 2켤레, 솜 목면 1개, 솜 겉옷 1개, 겉옷(안감) 1개, 궤짝 1개. 잎담배 2꾸러미, 종이 400장 등.
	25			관인, 일본인 표류민 전별연 베품(12차례 요리 나옴).
	27			허언당 구경. 관리의 여러 가지 맛있는 음식대접을 해줌.
12	4			관인 집에 답례인사 감. 족자 4폭·용안육, 얼음사탕 등 받음.

연이 베풀어졌다. 청국의 일본표류민에 대한 접대와 구휼하사품은 조선이나 일본보다 더욱 성대하고 풍족했음을 살펴볼 수 있다.

(4) 일본 표류민의 청국 체험과 인식

하이먼에서 자푸까지 여러 지역을 경유하면서 그곳의 상품 명산지 가게나 명승절경 등을 구경하면서 청국 시민들과의 교류도 매우 많았다. 시가지의 화려함에 눈이 휘둥그레질 정도로 놀란 일본인 표류민들은 숙소 주변의 축제나 신앙생활 · 놀이문화, 음주문화 등을 체험하고, 때로는 기녀가 있는 술집이나 누선樓船에서 음주가무를 즐기기도 하였다. 또한 숙소나 경유지 여러 곳에서 일반인들과 교류를 나누며 서로 선물을 주고받기도 하였다.[9]

대개 필담을 통하여 체재 장소의 관리 · 학자 · 서민들과 다양한 시문을 나누며 교류하였는데, 그들은 한결같이 "청국정부가 인정仁政을 베풀고 있으므로 당신들을 곧 일본으로 보내줄 것이므로 걱정하지 말라"는 이야기를 하였다. 그리고 숙소 인근 가게 사람들과도 친해져 그들의 집에 초대되어 상호 간의 가족관계와 일본문화 등에 대해 서로 묻고 답하며 마치 오래된 친구처럼 친교를 나누고 술과 과자, 담배와 종이류 등을 받았으며, 인근 마을에서 구경 온 많은 사람들도 술 · 밤 · 감 · 대추 · 마름 · 볶은 콩이나 만두 등을 끊임없이 많이 가져다주었다. 또 때때로 관

---

9 『청국표류도』, 서문.
"처음으로 강기슭에 상륙 · 출발하여 이곳에 도착하기까지, 관리는 여러 차례 향연을 개최해 주었다. 그 물품이나 의례가 항상 매우 정중하였으며, 인정을 베풀어 위로해 준 접대 또한 매우 돈독하였다. 마을 사람들도 적막하고 막막했던 우리를 찾아와 매우 따뜻하게 성의를 베풀어주었으므로 비록 말이 통하지 않아 의사소통할 수는 없었지만, 처음으로 서로 알게 된 사이가 아니라 마치 오래전부터 알던 친구를 만난 것처럼 서로 마음을 나누었으며 함께 모여서는 거의 허물없는 이야기를 나누게 되었다. 드디어 귀국 송환 시기가 가까워지자 전별연을 열어 대접해 주었으며, 향응을 베풀거나 의복이나 여행 도구 등도 베풀어주는 등, 대단히 정중하였다. 또 마을 사람들도 전별금으로서 금품을 보내어 주었다. (…중략…) 그리하여 관리와 마을 사람들은 모두, 먼 곳으로 떠나는 우리와 이별하는 것을 매우 슬퍼하며 눈물이 옷깃을 적시니, 진실로 천년에 한 번 만날 수 있을까 말까 하는 매우 귀중한 만남이었다."

리의 안내로 중국 목욕탕에 가기도 하고, 목욕탕 주변의 청국 서민 생활을 구경하고 체험하였으므로, 일반적으로 생각하는 낯선 이국땅에서 겪게 될 외롭고 곤궁하고 불안한 표류민 생활과는 상당히 거리가 있음을 살펴볼 수 있다. 당시 조선이나 일본의 외국인 표류민에 대한 접대와 구휼과 비교해 볼 때, 청국의 외국인 표류민에 대한 예우와 구휼은 매우 정중하고 풍족하였음을 알 수 있다.

이는 모리야마 테이지로를 비롯한 일본 표류민의 청국 인식 속에서도 매우 구체적으로 잘 나타나 있다. 강풍과 파도가 치는 바다에서 천 길 낭떠러지로 떨어졌다가 다시 만 리 하늘로 치솟는 위험과 극한 상태의 슬픔을 겪고 난 이후, 청국으로 표류한 기간 동안에 받았던 따뜻하고 두터운 인정과 아름다운 산천의 명승절경, 필담을 통해 서로 활발하게 주고받았던 찬란한 문장들, 즐겨들었던 거문고·비파 등의 중국 음악 감상 등에 대해 지금도 눈앞에 생생하며 생각해보면 즐거운 일들뿐이었다라고,[10] 회상하고 있어 매우 호의적인 청국인식을 살펴볼 수 있다. 이러한 일본표류민들의 청국 사회 견학·체험에 대한 생생하고 즐거웠던 인상은, 그들의 표류기(『청국표류도』) 속에 화려하고 다양한 43장의 그림으로

---

10 『청국표류도』, 서문.
"아아! 한 줄기 갈대처럼 쓰러져 전복될 찰나의 곤궁, 진실로 목숨을 건 위험, 극한 상태의 슬픔 등등, 이루 말로는 다 표현할 수 없다. 보는 자들로 하여금 침묵에 빠트리고 혼이 끊어질 듯한 고통에 빠트려, 누가 감히 슬퍼하지 않을 수 있을까. 슬픔은 물론 이미 지나가 버리고 지금은 오로지 기뻤던 일들만을 말하지 않을 수 없다.
왜냐하면 다행히 강풍과 파도의 재난 속에서도 접대 중에 받았던 두터운 인정, 나아가 산천풍토의 아름다운 명승지와 진기하고 훌륭했던 아름다운 경관, 찬란하게 주고받았던 아름다운 문장, 화목하게 서로 교류하였던 거문고와 비파의 음악 등을 직접 스스로 체험할 수 있었기 때문이다. 그 변화무쌍하여 이루 다 헤아릴 수 없는 상서로운 길조들은 우리들의 상상을 초월하였다. 그 땅에 갔기 때문에 모두 체험할 수 있었으며, 지금도 마치 여전히 눈앞에 있는 것처럼 생생하다. 그러므로 지난날의 슬픔이 오늘의 기쁨이 되었으며, 또 저 머나먼 땅으로의 여행도 할 수 있었기 때문에, 지금 돌이켜 생각해보면 즐거운 일들뿐이었다."

묘사되었다. 타국으로 표류한 기록을 남긴 많은 표류기들 중에 회화자료를 담고 있는 것은 매우 적다. 특히 『청국표류도』의 경우, 청국 강남지역 시가지와 항구, 전원풍경과 명승절경 등에 대해 매우 상세하게 묘사하고 있으므로 전근대 동아시아 표류기 연구는 물론이고 도시촌락사·민중생활상 비교연구에도 지대한 영향을 미칠 수 있는 좋은 자료라고 말할지 않을 수 없다. 향후 동아시아 해양교류 상호비교를 위한 기초자료로서 매우 많이 활용될 것이라고 생각하는 바이다.

4. 『청국표류도』 출판에 즈음하여

『청국표류도』 출간에 앞서 많은 분들로부터 도움과 조언을 받았다. 우선 번각 및 번역문 작성에 있어 많은 도움을 주신 후쿠오카[福岡]의 '치쿠젠 구로다가문 문서를 읽는 모임[筑前黒田家文書を読む会]' 회장의 야마모토 다카히사[天本孝久] 선생님, 그리고 중국 관련 사물 및 여정 지도 작성 등에 많은 도움을 주신 베이징[北京]에 거주하는 상추[項秋]씨, 본문 속의 한문 번역 등에 있어 많은 도움을 주신 와세다대학[早稲田大学] 야나기사와 아키라[柳沢明] 교수님께도 깊이 감사를 드리는 바이다. 그리고 『청국표류도』 서문·본문·회화 작성에 참가하였던 사쓰마번 태사·관련 인물들의 고증에 있어 많은 도움을 주신 하라구치 토라오[原口虎雄] 가고시마대학[鹿児島大学] 명예교수님에게도 깊이 감사를 드리는 바이다.

또 『청국표류도』의 원본 그림 이용을 허락해주신 와세다대학 종합도서관에 감사드리고, 원본 자료를 제공해주신 광주 아시아문화원 아시아

문화연구소, 『청국표류도』의 번역을 추진해 주신 부경대학교 인문사회과학연구소 HK+ 사업단의 손동주 단장님께도 좋은 기회를 마련해주신 점에 깊이 감사드린다.

『청국표류도』 한글번역본

서문

백성을 다스리는 어진 정치가 넓게 펼쳐지고 백성을 교화시키는 임금의 덕이 널리 보급되어 이국 타향이 오히려 마치 하나의 가족처럼 되었다. 이에 선박들이 큰 파도나 바람을 만나 피차간에 표류하게 되면 상호 간에 서로 응대·접대하며 그 두터운 정을 나누게 되었다. 그 재난이란, 음양 침몰과 격노한 거센 파도로 인해 하늘의 해가 물에 빠지고 높은 산들이 치솟아 지축이 빠져버리며 깊은 계곡이 파열되어버리는 등등, 매우 기이한 현상들이 많이 발생하였다. 그 때문에 사람들의 간담이 서늘해져 마치 손발을 묶어 놓은 것처럼 꼼짝하지 못하고 어찌할 바를 몰라 거대한 함선 출몰 여부와 관련 없이 마침내 전복당해버리는 일도 있었다. 이로 보건대, 다만 임금의 어진 정치가 넓게 펼쳐지고 백성 교화가 널리 보급되는 날에는 다행히도 거센 풍파의 재난을 만나더라도 응접·대우하는 두꺼운 인정을 나누게 될 것이다. 하늘의 도움이 없었다면 우리 이 작은 몸뚱이로 어떻게 살아날 수 있었겠는가. 하늘의 뜻을 어찌 감히 예측할 수 있을까.

때는 바야흐로 분카 경오文化庚午(1810)년[1] 가을 7월, 사쓰마번[薩摩藩] 선박 죠쿠호[長久丸]가 류큐[琉球]로부터 돌아올 때의 일이었다. 이 배의 선장 모리야마 테이지로[森山貞次郎]를 비롯하여 선원[舟子] 젠스케[善助] 이하 28명이 승선하였는데, 각각 맡은 업무가 있었다. 항해 중에 죠쥬[長十]가 바다에 익사하고, 젠고로[善五郎]는 병사하고 말았다.[2]

22일, 사시[巳の刻](오전 10시)에 나하항[那覇港]을 출발하였다. 수십 리 정

---

1 분카 경오[文化 庚午]년은 분카 7년으로, 서력으로는 1810년이다.
2 죠쥬[長十, 種子島 출신]는 7월 28일 익사하고, 젠고로[善五郎, 石垣浦 출신]는 8월 12일 병사했다.

도 바다로 나가 항해했을 때, 바람이 다소 거세게 불기 시작했으나 이미 되돌아갈 수 없는 상황이었다.

24일, 먹구름이 하늘을 가득 메운 암흑 속에 마치 미친 듯이 풍랑이 쳐 돛대가 연이어 부러지고 밤낮으로 표류하는 바람에 배가 앞으로 나아갈 수도 뒤로 물러날 수도 없는 진퇴양난에 놓이게 되었다. 그리하여 배에 타고 있던 사람들 모두가 마음을 모아 한마음으로 해신에게 구해줄 것을 기도드리고, 자신들 몸을 대신하여 머리카락[髻]을 잘라3 바다에 던져 넣었다. 또 돛을 절단하고 적재한 짐들을 바다에 던져 넣음으로써 선박의 무게를 가볍게 하여 이 곤경에서 벗어나고자 하였다. 그러나 아무런 효험도 없이 너무나 사나운 파랑波浪 때문에 위험한 상황에 빠져 거대한 파도들이 배 위로 여러 차례나 들이닥쳤다. 이때 선체가 바다 한가운데에 내동댕이쳐져 침수되었는데, 그 파도의 깊이가 6자[尺](약 1.8m)나 되니, 기필코 물고기 밥이 될 것이 뻔한 일이었다. 배에 타고 있던 모든 사람이 그 위급함을 방어하지 못하고 구토하거나 기절하여 연이어 쓰러져 겹겹이 드러누웠다.

테이지로[貞次郎]와 젠스케[善助]는 이런 상황에 굴하지 않고 칼을 뽑아 잡고 모두를 질타하면서 큰소리로, 「이런 곤궁은 아마 벗어날 수 없을지 모르지만, 우리 모두 힘과 방책을 내어 노력한다면 하늘의 도움을 받을 수 있을지도 모른다」라고 말했다. 이에 쓰러져 누웠던 무리 중에서 겨우 용기를 내어 비록 예닐곱 명이었으나, 일어나 선박 누수를 막아주어 큰 도움이 되었다. 그리고 선박 키를 잡아 돛대[檣帆]로 삼아서, 파도와 함께 더불어 오르락내리락하며 움직이자, 호흡도 약간 천천히 안정되어 갔다.

---

3 신에게 기도를 올려 구조되기를 구하면서 머리카락을 올려 위로 묶어둔 것[髻]을 잘라 자기 몸을 대신하여 바다에 던져 넣음으로써 바다의 신에게 바쳤다.

그러나 이것이 일시적인 격랑이 아니었기 때문에 때로는 거센 바람이 불어오기도 하였고 때로는 천둥을 동반한 비가 거세게 퍼붓기도 하였으며, 때로는 성난 파도가 격렬한 기세로 치기도 하여 마치 배가 빙글빙글 돌면서 항해하기를 거의 사십여 일이나 계속되었으니 그 곤궁함을 시간으로 표시하면 거의 500각刻[4] 정도나 되었다.

8월 그믐날, 마침내 배가 파손되고 말았으므로 급하게 작은 보조 선박으로 옮겨서 운행했으나, 그 힘들고 궁핍했음은 이루 다 말로 표현할 수가 없다. 그때 마침 어떤 어선이 우리 배 쪽으로 다가왔으므로 그 선박에 구조를 요청하였다. 어선은 나흘 동안 밤낮으로 달려, 9월 4일 저녁 무렵 어느 큰 하구로 들어갔다. 그 하천을 몇 리 남짓 거슬러 올라가, 그 다음 날 아침 무렵 선착장에 도착했다. 우리 선박에 승선했던 스물여섯 명은 모두 다시 살아난 것을 기뻐하였다. 이어서 강기슭으로 올라가니 즉 청나라 장난성[江南省]이었다. 지금 생각해보니, 시종일관 그 고난을 잘 견디어 드디어 오늘을 맞이할 수 있었던 것은 다름이 아니라 바로 우리가 온 정성을 다하여 바쳤던 기도와 그 기도에 감응하여 도와준 하늘의 보살핌 때문이었을 것이다. 정말로 시종일관하여 모든 일이 그러하였으니, 살아갈 기력을 완전히 상실했던 자들이 활기를 얻어 다시 살아났을 뿐이라고 말할 수 있을까.

조금 시간이 지나자 관리가 찾아와 그간의 표류 상황에 대해 심문하였으므로 테이지로가 필담으로 조목조목 진술하고 그 정황에 대해서

---

4 일본 에도시대 시간으로 1각(刻)은 2시간이므로 모두 1,000시간, 날수로 계산하면 약 41일 16시간이다. 그러므로 표류가 시작되는 7월 24일부터 중국 어선에 의해 구조되는 9월 4일까지 날수와 거의 일치된다.

구체적으로 보고했다. 그로부터 관리들의 감독과 보호 속에서 테이지로 이하 스물여섯 명은 식수 등을 받으면서 역참에서부터 역참으로 호송되었다. 수륙으로 약 천 수백 리 정도 가서, 마침내 저장성[浙江省] 자푸[乍浦]에 도착하여 머물렀다. 처음으로 강기슭에 상륙해 출발하여 이곳에 도착하기까지, 관리는 여러 차례나 향연을 개최해 주었다. 그 물품이나 의례가 항상 매우 정중하였으며, 인정을 베풀어 위로해 준 대접도 매우 돈독하였다. 또 마을 사람들도 적막하고 막막했던 우리를 찾아와 매우 따뜻하게 성의를 베풀어주었으므로 비록 말이 통하지 않아 의사소통할 수는 없었지만, 처음으로 서로 알게 된 사이가 아니라 마치 오래전부터 알던 친구를 만난 것처럼 서로 마음을 나누었으며 함께 모여서는 거의 허물없는 이야기를 나누게 되었다.

드디어 귀국 송환 시기가 가까워지자 전별연을 열어 대접해 주었으며, 향응을 베풀거나 의복이나 여행 도구 등도 베풀어주는 등, 대단히 정중하였다. 또 마을 사람들도 전별금으로서 금품을 보내어 주었다. 관리들은 미리 명령을 내려서, 송환용 선박으로 2척의 대형선박을 선정하였다. 즉 스물여섯 명을 반으로 나누어 각각 열세 명씩, 11월 26일과 12월 4일 2차례에 걸쳐 작은 선박을 이용하여 대형선박이 정박하고 있는 곳으로 보내었으며 또 사람을 붙여서 귀국할 때까지 보호하였다. 그리하여 관리와 마을 사람들은 모두, 먼 곳으로 떠나는 우리와 이별하는 것을 아주 슬퍼하며 눈물이 옷깃을 적시니, 진실로 천년에 한 번 만날 수 있을까 말까 하는 매우 귀중한 만남이었다.

12월 5일 새벽 배를 타고 돛을 올려 바다로 나아갔다. 그리고 십 수일 동안, 풍랑을 타고 올랐다 내려갔다 하면서 드디어 22일 마침내 히젠 나가사키 항구[肥前長崎港]에 도착하였다. 여기서 테이지로[貞次郎] 등은 진대 나가사키 부교소[鎭台 長崎奉行所]의 호출을 받아 여러 가지로 심문을 받았다. 테이지로 등은 사건의 경위를 모두 상세하고 성실하게 진술하였다. 심문 및 조사[審理]가 끝나자 이듬해(1811년) 3월, 나가사키 부교[奉行]가 스물여섯 명의 귀향을 명하였으므로 모두 안전하게 고향으로 돌아갈 수 있었다.

아마도 테이지로 및 젠스케 두 사람은 다소 문자를 알고 있었으므로 그 간난고초 속에서도 여러 상황에 대해 기록하려고 노력하여 『청국표류일기淸国漂流日記』라는 이름의 기록물을 남겼다. 다만 그 기록이 국자国字로[5] 기록되어 있으며, 단어들도 비천한 표현이 다소 있었지만, 내용은 매우 흥미롭게 갖추어져 있었다. 이에 사콘죠 준카[左近允純蝦][6]·니시 세이비[西清美][7]·히고 세이유[肥後盛邑] 등은 기록을 통해 그 형상을 유추하고 헤아렸으며, 의문스러운 곳은 직접 물어서 명확하게 하여 마흔세 장의 그림을 그려서 세 권으로 나누었다. 사콘죠 준카[左近允純蝦]는 또 그림 속에 기록을 적어 넣어, 그림이 왼쪽에 있으면 문장기록은 오른쪽에 배치하고, 그림이 오른쪽에 있으면 문장은 왼쪽에 배치하여, 그림과 문장 상호 간에 서로 대응시켰다.

첫 번째 그림을 펼치면, 나하[那覇]에서 돛을 올려 출발하는 상황에서부터 시작하여, 거대한 바다의 질풍노도에 휩쓸려, 또 청국 접대를 받는 상세한 내용에 이르기까지, 여러 가지로 궁리하여 매우 상세하게 묘사하고 있다. 아아! 한 줄기 갈대처럼 쓰러져 전복될 찰나의 곤궁, 진실로 목숨을 건 위험, 극한 상태의 슬픔 등등, 이루 말로는 다 표현할 수 없

---

5 국자는 일본에서 만들어진 한자나 헨타이가나[変体仮名]를 일컫는다.
6 사콘죠 준카[左近允純蝦]는 사쓰마번사[薩摩藩士]로서 중역으로 추정된다. 구 일본 해군에 사콘죠 나오마사[左近允尚正] 및 사콘죠 나오토시[左近允尚敏] 등이 있었다.
7 니시 세이비[西清美]는 삽화 화가로 유추된다.

다. 보는 자들로 하여금 침묵에 빠트리고 혼이 끊어질 듯한 고통에 빠트려, 누가 감히 슬퍼하지 않을 수 있을까. 슬픔은 물론 이미 지나가 버리고 지금은 오로지 기뻤던 일들만을 말하지 않을 수 없다.

왜냐하면 다행히 강풍과 파도의 재난 속에서도 접대 중에 받았던 두터운 인정, 나아가 아름다운 산천풍토의 명승지와 진기하고 훌륭했던 아름다운 경관, 찬란하게 주고받았던 아름다운 문장, 화목하게 서로 교류하였던 거문고와 비파의 음악 등을 직접 스스로 체험할 수 있었기 때문이다. 그 변화무쌍하여 이루 다 헤아릴 수 없는 상서로운 길조들은 우리들의 상상을 초월하였다. 그 땅에 갔기 때문에 모두 체험할 수 있었으며, 지금도 마치 여전히 눈앞에 있는 것처럼 생생하다. 그러므로 지난날의 슬픔이 오늘의 기쁨이 되었으며, 또 저 머나먼 땅으로의 여행도 할 수 있었기 때문에, 지금 돌이켜 생각해보면 즐거운 일들뿐이었다. 그런 생각을 하는 것은, 하늘의 도우심이 없었더라면 이 작디작은 몸뚱이로서 살아남을 수가 도저히 없었기 때문이다. 하늘의 뜻은 황송하여 전혀 예측할 수 없다. 그러므로 그 기쁨과 슬픔을 설령 이 그림과 기록으로부터 찾아볼 수는 없겠지만, 기쁨과 슬픔의 유래가 어디인가를 미루어 헤아리는 것은 가능할 것이다. 이에 마침내 그 개요를 열거하여 서문으로 기록하는 바이다.

분카 갑술년 겨울 10월[文化申戌 冬十月][8]

태사太史[9] 하시구치 젠빼쿠 쇼우호[橋口善伯祥甫] 편집·기록함

---

8 분카 갑술[文化 甲戌]년은 분카[文化] 11년으로, 서력으로는 1814년이다.
9 태사(太史)는 고대중국에서는 천문·역법·기록을 담당한 관리이다. 사쓰마번[薩摩藩] 태사는 서기역[書役]으로서 기록봉행(記錄奉行, 기록담당 관리) 등의 역할이었다고 유추된다.

『청국표류도』 상권

분카[文化] 7년[1] 경오庚午

7월 22일 맑음. 동풍. 아침 4각刻,[2] 나하[那覇]를 출항하였다. 쪽배[片船][3]
다이호호[大宝丸]가 본선本船[4] 죠쿠호[長久丸]를 뒤따라 왔다. 류큐국 구니가
미[琉球国 国上][5] 앞에 있는 이헤야섬[伊平屋島][6]에서 3리 정도 떨어진 곳에 이
르자 밤이 되었다.

7월 23일 맑음. 풍향은 어제와 동일함. 7각(오전 4시)경부터 동풍이 되었
다. 동쪽으로 10리(약 40km) 정도 되는 거리에서 도리시마[鳥島]를[7] 발견
하여 북북동[子丑] 방향으로 달렸다【도리시마는 가고시마현 아마미 오시마[鹿児島
縣奄美大島] 서쪽 18리 정도에 위치함】.

7월 24일 흐림. 동풍. 바람이 강하게 불어 날씨가 좋지 않았으나 나하로
되돌아가기에는 이미 해상으로 60~70리 정도 와버렸으므로 돌아갈 수
가 없어 그대로 돛을 펼쳐 달렸다. 그날 저녁 8각경(오전 2시), 돛 활대[帆

---

1 일본의 연호 분카[文化] 7년은 1810년이며, 중국연호로는 가경(嘉慶) 15년이다.
2 에도시대 일본의 시각 계산에는 12간지(干支)가 사용되었다. 한밤중이 자시이고, 한낮이 오시
   로 하루를 12각으로 나누었다. 아침 4각은 오전 10시경을 가리킨다.
3 쪽배[片船]는 어업·항해 등에 동반되는 배로서 우선(友船)·요선(僚船)·유선(類船)으로 표
   현되고 있다. 본선 죠쿠호[長久丸]의 선장은 모리야마 테이지로[森山貞次郎]이며, 쪽배는 다이
   호호[大寶丸]이었다.
4 본선이란 가장 중심이 되는 선박을 가리킨다.
5 현재 오키나와현 구니가미군[沖縄縣 国頭郡]에 속하는 마을로서, 오키나와 본섬 북쪽 끝에 위
   치한다.
6 이헤이야섬[伊平屋島]은 현재 오키나와현 시마지리군 이헤이야촌[沖縄縣島尻郡伊平屋村]에
   해당한다.
7 도리시마[鳥島]의 현재 행정구역은 오키나와현 시마지리군 구메지마쵸 유오우도리시마[沖縄
   縣島尻郡久米島町硫黄鳥島]이다. 현재 섬 전체를 포함한 주위가 군사시설「도리시마 사격장」
   으로 유명하다.

桁]⁸와의 마찰로 인하여 돛대에 매단 노끈줄[篙緒]⁹이 끊어져 버렸다. 갑자기 어떻게 할 수 없어 돛대를 내리고 파도에 몸을 맡긴 채로 나아가면서 돛대 위에 올라가 저망苧網¹⁰으로 새벽까지 겨우 버티었다. 그러나 바람이 점차 강해져 북북동[子丑] 방향에서부터 동쪽으로 향하여 달렸다.

7월 25일 흐림. 동풍. 바람이 매우 강하게 불어 쪽배 다이호호[大宝丸]가 아침 5각(오전 8시)경부터 보이지 않다가 마침내 시야에서 사라져 버렸

---

8 돛 위에 가로로 댄 나무를 일컫는다.
9 선박 돛대 선단에서부터 뱃머리에 걸쳐서 묶어둔 두터운 노끈 줄을 일컫는다.
10 저망(苧網)은 마로 된 노끈으로서 매우 튼튼하고 강하여 선박 노끈으로 최상으로 여겨져, 고대부터 근세 시대까지 사용되었다.

다. 본선은 북동[丑] 방향으로 달렸다.

7월 26일 흐림. 동풍. 풍랑이 점점 더 심해졌는데, 아침 5각(오전 8시)경 동쪽 방향 멀리 작은 섬을 발견하였다. 산악이 두 개로 나누어져 있었는데, 이 섬은 고토열도[五島列島]의 메시마[女島]11라 하였다. 북동 방향[丑]으로 달렸다.

7월 27일 흐림. 동풍. 파랑이 점점 더 강해져 본선을 보전할 수 없어서

---

11 나가사키현 고토시에 속하는 섬으로 고토열도 남서쪽에 있는 남녀군도(男女群島)를 구성하는 섬의 하나이다.

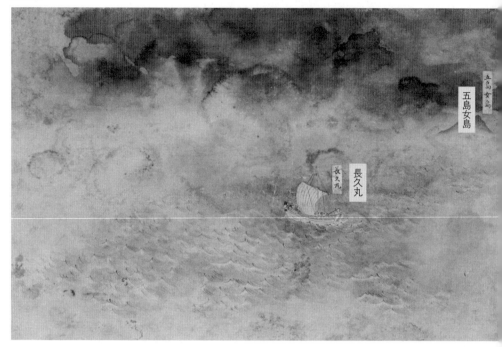

앞쪽 기둥을 자르고 실었던 짐을 내버려 바람에 몸을 맡기고 떠내려갔
다. 섬 그림자들이 보였는데, 이미 조선국 땅도 또한 멀지 않았음을 알
수 있었으므로 돛대를 자르는 것을 멈추었다. 그러나 바람이 점차 강해
졌으므로, 배에 탄 사람들은 모두 머리카락을 잘라서 바다에 던져 넣으
며 안전을 기원하였다.

7월 28일 비가 내리고 강풍이 불었다. 본선이 이미 위험했기 때문에 마침
내 배에 실은 짐을 버리고 돛대를 잘라 버렸다. 그때, 다네가시마[種子島]
출신 수부[水主][12] 죠쥬[長十]가 돛 활대[帆桁]에 맞아 익사했다. 그 이외 사

---

12 수부[水主]는 선원을 일컫는다.

람들도 기절했거나, 아니면 뱃멀미로 바닥에 드러누워 있어 아무런 도움이 되지 않았다. 이럭저럭 하는 동안 큰 파도가 들이닥쳐 세 번이나 배 위를 넘나들었다. 배 뒷부분[艫]의 보조 돛대[檐]가 부러져 버리는 바람에 안정감이 좋지 못했다. 마침내 배 방향을 조정하는 키[柁]를 분리해 버렸다. 물마루를 넘어 들어오는 바닷물 높이가 거의 6자[尺](1.8m) 남짓이나 되는 바람에, 보는 자들 모두 의식을 잃고 멍청하니 있을 뿐이었다. 그 와중에 배 안으로 들이닥치는 물이 점차 늘어났으나, 배 바닥에 스며든 물들을 막으려고도 하지 않고 퍼내려 하는 사람도 없었다. 이대로 가다가는 마침내 배가 침몰해 죽을 수밖에 없다고 생각한 젠스케와 테이지로 두 사람은 목소리를 높여서 격렬한 말투로, 「배 밑바닥에 들어온 물을 퍼내라」고 말했다.

다네가시마[種子島] 출신 수부들이 대답해 말하기를, 「몇 번이고 아무리

그림은 원본에서는 8월 6일 뒤에 위치하였지만 그림 내용이 7월 28일 내용에 부합하므로 이에 위치시켰다.   그림 ❸

물을 퍼내도 소용이 없다」 등이라 말하며 달려들었다. 이에 젠스케와 테이지로 두 사람은 도저히 참을 수가 없어 당장 칼을 뽑아 이 수부들을 베어 버리려고 하자, 재빨리 배 바닥 밑으로 숨어서 찾을 수가 없었다. 이윽고 다소 기운을 차린 예닐곱 명이 앞으로 나와 재빠르게 대처하며 목숨을 걸고 열심히 움직였다. 밤이 될 무렵부터 다소 바람이 부드러워졌다.

7월 29일 맑음. 남풍. 부드러운 바람이 불어오면서 선박 안은 평온을 되찾았다. 그러나 3일 동안 모두 제대로 식사를 할 수 없었으므로 피곤하고 지쳐서 일어나 앉아 있는 자는 한 사람도 없었다. 한동안 휴식을 취하고 난 다음, 다시 선체 바닥에 고인 물을 퍼내는 데에 전력을 다하여 대개 3~4자[尺](90~120cm) 정도 되는 물들을 몽땅 퍼내었다. 이불도 선체 바닥에 깔아서 침수를 방비하였다.

바람이 부는 대로 흘러가는 동안, 여러 가지로 궁리하여 솥을 끄집어내어 밥을 지으려고 하였으나 밥 지을 물이 없었다. 그때 한 명의 수부가 말하길, 「내가 바닷물을 끓여서 물로 만드는 방법을 알고 있다」라고 하였다【지난해 타이완[台湾]에 표류했다가 돌아온 수부였음】. 그리하여 시루 솥을 만들어 바닷물을 담고 하루 밤낮으로 끓이니 한 말 네다섯 되 정도를 만들 수 있었다. 이것을 마시며 배고픔과 갈증을 해소하며 견디어 내었다. 배는 북쪽으로 흘러갔다.

7월 그믐날(30일) 흐림. 남풍. 선박 방향을 잡는 키의 손잡이를 기둥으로 삼아 돛을 만들어 북동[丑] 방향으로[13] 흘러갔는데, 역시 어디가 어디인지 분간할 수 없었다.

8월 1일 맑음. 남풍. 수심이 27~28발[尋]**14**정도 되는 갈색 바다[渴海]에 도착하였으나, 짙은 안개 때문에 어디가 어디인지 구분할 수 없었다. 얼마 지나지 않아 동쪽으로부터 매가 한 마리 날아와 뱃머리에 앉았다. 또 한참 있으니 작은 새【할미새[鶺鴒]와 비슷했음】가 한 마리 날아왔다. 매가 당장에 이 작은 새를 먹이로 잡아 먹어버렸다. 같이 배에 타고 있던 우리 모두 이것을 보고, 우리 배의 길조라고 말하며 소금에 절였던 돼지고기를 소금에 찍어서 아와모리[泡盛]를**15** 마시며 축배를 들었다. 그날 밤, 매는 날아가 버렸다.

8월 2일 맑음. 남풍. 북동[丑] 방향으로 흘러갔다.

8월 3일 맑음. 남풍. 수부 중에 목수가 있어서 배를 움직이는 키를 주기둥으로 삼고, 대신에 작은 톱과 도끼 등으로 선박 소도구들을 부수어 겨우 조그마한 나무판의 키를 만들어 사용했다. 바람이 부드러워졌을 때는 돛대를 올려 달려갔다.

8월 4일 맑음. 남풍. 바람이 강하게 불며 파도도 높았으므로 고생하였다. 그때 에이 이시가키포[穎娃石垣浦]**16** 수부 젠고로[善五郞]라는 자가 큰 병

---

13 축[丑] 방향은 북쪽에서 약 30° 정도 동쪽에 위치하므로 북동방향으로 번역하였다.
14 발[尋]은 물의 깊이나 새끼줄 등의 길이 단위로, 대략 양팔을 벌린 길이이다. 1발은 6자[尺]인데 1자가 30.3cm이므로 27~28발은 약 48~50m이다.
15 아와모리는 류큐 지역의 대표적 소주이다.

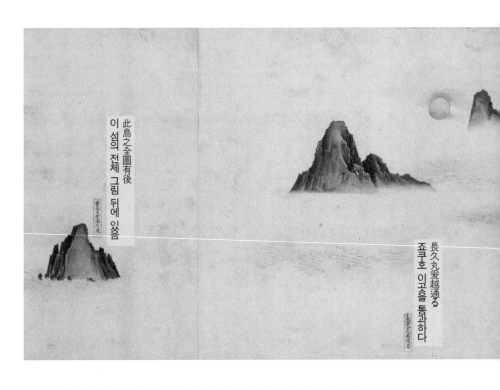

此島之全圖有後
이 섬의 전체 그림 뒤에 잇씀

長久丸爰越通る
죠구호 이고슬 통과하다

에 걸려, 뼈마디와 근육이 마비되어 신음하면서 괴로워하였다. 약을 주려고 해도 아무도 가지고 있는 자가 없었고, 또 설상가상으로 허술하고 소박한 음식들을 싫어하여 5일 전부터는 아예 식사도 하지 않아, 경련 발작이 일어난 병인 것 같았다. 물은 바닷물을 끓인 담수[真水]로, 된장을 넣어 끓인 죽 등을 먹고 싶어 했으나 만들어 줄 수가 없었다. 두 사람씩 당번을 서게 하여 간호하였으나 모두 힘든 상황이었으므로 생각대로는 잘 되지 않았다. 참으로 불쌍하기 짝이 없는 일이었다.

---

16 에이 이시가키포[穎娃石垣浦]는 가고시마현 미나미 구슈시 에이쵸[鹿児島縣南九州市穎娃町]이다. 이시가키포[石垣浦]는 사쓰마번의 쌀 창고 및 방[高札場]이 설치된 중요한 항구도시였다.

朝鮮國 高山

長久丸爰越通る
죠크호 이곳을 통과하다

8월 5일 맑음. 남풍. 젠고로의 병이 점점 더 악화되어 걱정이었다. 또 선박 주변으로 물고기【우리 일본 지역에서는 본 적이 없는 물고기들이었음】가 많이 몰려들었다. 그리하여 갈고리[鉤]에 먹물 염색의 모시로 된 실을 연결하여 낚시하자 수백 마리가 잡혔다. 소금으로 간하여 익혀서 먹었다. 그 맛있음이란 무엇과도 비교할 수가 없었다.

8월 6일 흐림. 남풍. 북동[丑] 방향으로 떠내려갔다. 오늘 8각(오후 2시)경 갈색 바다[渴海]를 벗어나 푸른 바다로 들어갔다.

8월 7일 비. 남풍. 비가 내리자 배에 탄 사람들이 매우 기뻐하며 모두

물통이나 상자 등을 들고나와 빗물을 담았다. 9각(낮 12시)경부터 북풍이 불고 천둥이 치며 큰비가 내렸다. 한참 지나가니 동쪽으로 멀리 높은 산이 보였다. 아마도 이곳은 조선국일 것이므로 매우 기뻐하였으나 밤이 될 무렵 다시 광풍이 부는 바람에 아까 보았던 산과도 멀어져 버렸다. 같이 배에 탄 사람들은 단지 흐르는 눈물만을 닦으며 각자 마음을 모아 기도할 뿐이었다.

8월 8일 비. 북풍. 9각(낮 12시)경, 작은 섬이 3개 보였다. 배 안에 탄 사람 모두가 대단히 기뻐하였다. 이 섬으로 흘러가 정박하고자 생각했으나, 또다시 역풍이 이 섬으로부터 미친 듯이 불어오는 바람에 이 섬과도 멀어져 버려 바람이 부는 대로 북쪽으로 거의 5~6리뽀(20~24km) 정도를 떠내려갔다.

8월 9일 맑음. 남풍. 섬은 보이지 않았으나 주변에 새가 많이 날아다니는 것으로 보아 조선국 땅도 멀지 않음을 느끼며 동쪽으로 떠내려갔다. 이날은 화어火魚[17]라고 불리는 길이가 2자[尺](약 60cm) 정도 되는 물고기가 많았는데 선미(배 뒷부분) 쪽으로 무리를 이루며 모여들었다. 낚시로 여러 마리나 잡았다.

8월 10일 비. 동풍. 4각(오전 10시)경부터 큰 비가 내리며 북풍으로 바뀌

---

17 쏙치과에 속하는 바닷물고기로서 연안 바닷가 해저에 살며 몸길이가 40cm 정도 되며 몸체는 성대 물고기와 비슷하며 머리가 크고 세 개로 갈라진 지느러미가 있다. 배 부분이 흰 것을 제외하면 모두 붉은 색으로 맛있는 물고기이다. 우리말로는 달강어(達江魚)라는 호칭이 있다.

어 남쪽으로 떠내려갔다. 또다시 작은 섬이 하나 보였다. 조금 지나서 겨우 섬 쪽으로 가까이 접근하였으나, 광풍이 불어 이 섬과도 또다시 멀어져 버렸다. 그리하여 여기서 함께 타고 있던 사람 중에서, 오키노에라부섬[沖永良部島][18] 출신 다섯 명과 류큐국 사람 한 명을 불러내어 "모두 다 잘들어라. 다른 나라로 표류하게 되면 그곳에서는 외모나 얼굴 등을 살펴보는 것이 전례이다"라 말하며 당장에 그 여섯 명의 머리카락과 콧수염을 밀어 버리고, 일본[大和]식 의복을 입혀서 일본인 모습으로 바꾸었다.

8월 11일 비. 남풍[午風]. 바람이 강하게 불고 파도가 높아서 또다시 고생하였다.

8월 12일 비. 무풍. 어제 발견했던 작은 섬으로 떠내려갔다. 이미 밤이 되었으므로 그 섬으로부터 약 1리(약 4km) 되는 곳에서 배에 불을 쏘아 올렸더니, 그 섬에서도 또한 불을 피워 응답해 주었다. 그리하여 선박에 타고 있던 사람들 모두가 매우 기뻐하며 「날이 밝기를 기다려 상륙해서 목숨을 구해달라고 하자」고 이야기하던 중에 병자 젠고로[善五郎]가 심하게 고통스러워하며 미친 사람처럼 되었다가 4각(밤 10시)경 마침내 사망하고 말았다. 하는 수 없이 시체를 술통에 담아서 배 안에 안치해두었다. 한편 바람이 점차 누그러져 이 섬 가까이 접근하였는데, 섬 주위의 길이는 약 1리 반(6km) 정도 되는 거리이고, 높이는 반 정半丁(55m) 남짓으로 보였다. 이곳은 조선국에 속하는 섬으로서 본토에서부터 35~36

---

18 아마미군도[奄美群島] 남서부에 있는 섬으로 현재 행정구역은 가고시마현 오시마군 오키노에라부시마[鹿児島縣大島郡沖永良部島]이다.

리뽀(140~144km) 정도 떨어진 섬이었다.

그림 ❺

長久丸爰ニ繋
죠쿠호 이곳에 계류하다

8월 13일 맑음. 북풍. 섬에 가까이 접근해 강기슭 아래로 갔으나 험준한 암석들이 많아 사람이 통행할 수 있는 곳을 찾을 수 없었다. 닻[碇]을 넣어서 배를 언덕에 매자 건너편 강가 아래쪽에 작은 배 한 척이 있었다. 부속선[橋舟]을[19] 내려 마을 쪽으로 가기 위해 예닐곱 명이 타고 강기슭으로 배를 저어 가 보니 길이 있었다. 이곳을 기어 올라가 보니 건너편에 민가가 약간 있었다. 바로 마을 안으로 들어가려고 하니, 눈 깜짝할 사이에 조선인들이 많이 몰려나와, 입을 모아 외치면서 크게 손을 들어서 무엇인가 말하는 듯한 모습이었으나 전혀 알아들을 수 없었다. 본선을 손으로 가리키며 「떠나가라」라는 뜻으로 보였는데 마을 안으로 일체 들

---

19 하시부네[橋船·端船]는 본선(本船)에 적재하여 상륙할 때 사용하는 작은 선박이다.

어 오지 못하게 하였다. 또 작은 배 서너 척이 동쪽 강기슭 아래에 보였다. 손짓으로 부르며 조금 있다가 본선으로 찾아왔다. 글을 써 보였으나 전혀 통하지 않았다. 손짓으로 물이 없다는 시늉을 하자, 조금 있다가 물을 열 통 정도 가져다주었다【아와모리 술을 꺼내어 주면서 마시게 하자 여러 잔을 마시더니, 꽤 많이 취하는 모양이었다】. 밤이 될 무렵, 그들은 서로 무엇인가 의논하는 모양인 듯 마을 쪽으로 배를 저어 돌아갔다.

8월 14일 흐림. 북풍. 동쪽에서 다시 작은 배 세 척이 와서 물 등을 가져다주었다. 그중에 나이 많은 관리처럼 보이는 한 사람이 머리에 말 털로 만든 모자를[20] 쓰고 있었다. 그 사람을 향해 「관리이냐」고 손짓으로 물어보았으나 머리를 좌우로 흔들며 대답하지 않았다. 배는 조선국 선박으로는 보이지 않았는데, 드디어 큰소리를 지르며 남쪽을 가리키며 배를 저어 사라졌다.

8월 15일 맑음. 북풍. 바람이 매우 강하게 불어, 닻 하나로는 배를 매어 둘 수 없고 지탱할 기둥이나 키도 없었는데 물론 말할 필요도 없이 배는 이미 파손되어 있었다. 만약 다시 한번 역풍을 만난다면 목숨도 건질 수 없을 것이다. 반드시 육지에 상륙해서 때를 기다려 조선국 땅에 다다를 수 있다면 무사할 것이었다. 설마 섬사람들이 짐승이 아니라면, 우리 일동이 죽을 각오로 나갈 경우 그들도 바라지는 않지만 어쩔 수 없이 우리를 받아들여 줄 것이다. 만약 본선으로 항해하여 계속 떠내려가게 된다

---

20 조선의 양반이 머리에 쓰는 관모 같은 것이다.

면 기필코 큰 물고기의 밥이 될 터이므로, 큰 부속선[橋舟]을 타고 동쪽 항구로 배를 저어 갔다.

마을 사람들이 점점 줄을 지어 뛰어가면서 큰 소리로 외치자 사람들이 무리를 지어 모여들어 강기슭에 배를 가까이 댈 수 없게 하였다. 그리고 이어서 마치 비가 오듯이 작은 조약돌을 배로 던지는 바람에 가까이 접근할 수가 없었다. 그러므로 어쩔 수 없는 상황이라고 판단하여 다시 본선으로 되돌아왔다.

8월 16일 흐림. 북풍. 이곳은 조수의 흐름이 매우 빠른데, 본선이 조수를 만나 급류[瀨]21에 이미 근접하고 있었으므로, 서둘러 닻을 내려서 본선을 정박시켰다. 기본적으로 상륙을 할 수 없어 다른 곳으로 표류해 가려 했으나, 바람이 없는 바람에 이곳에서 오도 가도 못하게 되었다.

8월 17일 흐림. 북풍. 이곳에 체재한다 한들 아무런 이득이 없으므로, 닻을 올려서 바람이 부는 대로 표류해 갔다. 이날 밤, 겨우 3정丁(300m) 정도 섬을 벗어나 떠나가니 곳곳에서 피워 올린 화톳불[かがり火]이 매우 장엄하게 보였다.

8월 18일 맑음. 동풍. 어디가 어디인지 방향도 알지 못하고 하염없이 서쪽 방향으로 표류해 갔다.

---

21 여울로서 바닥이 얕거나 폭이 좁아 물살이 세게 흐르는 곳을 말한다.

8월 19일 맑음. 동풍. 풍랑이 대단히 격렬하게 불어 매우 힘들었으므로, 그동안 안치해두었던 망자 젠고로의 시체를 큰 파도가 치는 바닷속으로 던져 넣었다. 가련한 운명이었다.

8월 20일 흐림. 동풍. 풍랑이 잠잠해져 서남[申] 방향으로 표류해 갔다.

8월 21일 흐림. 북풍. 8각(오후 2시)경 바다 색깔이 흙색을 띠는 곳에[22] 도착하였다. 수심을 측정하여 보니 겨우 20발[尋](36m)밖에 되지 않았다. 이에 중국 땅 근처로 표착하였음을 알았다.

8월 22일 맑음. 무풍. 수심이 점차 얕아져 배가 앞으로 나아갈 수도 없고 뒤로 물러날 수도 없게 되었다. 아직 어디가 어디인지도 알 수 없었다.

8월 23일 흐림. 무풍. 조수의 흐름이 너무나도 빨랐으므로 물에 닻을 내려 배를 정박시켰다.

8월 24일 맑음. 동풍. 5각(오전 8시)경부터 북풍으로 변했으므로 또다시 조수의 흐름을 따라 서쪽으로 표류해 갔다.

8월 25일 맑음. 북풍. 남쪽으로 일반 선박과는 모습이 다른 이양선異樣船 한 척이 보였다. 점심 무렵이 되어 가까이 접근해 왔으므로 거적[苫]을

---

22 바다 색깔이 흙색을 띠는 곳이란 강 하구 근처에 바다와 강이 만나는 곳으로서, 물 색깔이 흙색이 되는 곳을 말한다.

들어 흔들며 부르자 우리 배 앞뒤로 한번 빙 둘러 돌아보고는 조금 있다가 밧줄로 본선과 연결했으므로 우리는 당장에 그 배에 올라타서 보니 '강남상선江南商船'이라고 크게 쓰여 있었다. 우선 물이 없다고 글로 써서 보이자, 그 배의 선장이라 생각되는 자가 즉시 물을 커다란 술통에 반 정도 담아 주었다. 정말로 고마운 만남이라고, 그들에게 엎드려 절하며 정중히 인사를 하였다. 이것은 정말 하늘이 우리를 도와준 것이라고 기뻐하자, 또 말린 생선 등을 주었다. 세심하게 배려해 주었으므로 행운이었다.

중국인이 종이를 한 장 건네주면서 「거기에 글을 써라」라는 몸짓을 하였으므로 테이지로[貞次郎]는 붓을 쥐고, 「나는 일본 사쓰마[薩摩]에서 태어난 촌사람[野夫]23입니다. 역풍을 만나 배가 난파당해, 오랫동안 표류하여 물이 없으므로 아무쪼록 자비를 베풀어 물을 한 통 주시기 바랍니다」라고 썼다.

또 그가 묻기를, 「해양[洋海]이란 어디 근방을 말하는 것이며 또 며칠 만에 도착한 것인가」라고 하였다. 이에 대답하기를, 「중국은 바로 서쪽 편에 위치하므로 바람이 있으면 사흘 만에 도착하고, 또 조선이 바로 동쪽에 있으므로 바람이 불면 나흘 만에 도착한다」라고 썼다. 우리는 이 배에 타고 싶다고 생각하였으나 인원수가 많은 까닭에 승선할 수가 없었다. 하는 수 없이 정중히 감사 인사를 한 다음 본선으로 되돌아왔다. 이 '강남상선'은 남쪽을 향해서 떠났다.

---

23 촌사람[野夫, 야부]이란 자기 자신을 낮추어서 하는 말이다.

8월 26일 비. 동풍. 풍랑이 점차 심해져 배가 이미 얕은 여울에 도착하였다. 또 서쪽 방향 멀리 해가 지는 곳으로 작은 배들이 많이 보였다.

8월 27일 비. 동풍. 풍랑이 매우 심해져 수심이 1발[尋](약 1.8m)밖에 되지 않는 얕은 바다로 배가 떠내려갔다. 8각(오후 2시)경 배가 개펄 위에 올라탔다. 어떻게 해야 할지 고민하는 동안, 큰 파도가 다시 몰려와 조금 더 깊은 곳으로 떠밀려 갔다. 때마침 조수潮水 때이었으므로 사방에서 몰려온 밀물에 하얗게 파도를 날리며 배가 세 차례나 개펄 위로 밀어 올렸다. 만약 여기서 또다시 떠내려가 배가 파손되어 버린다면, 목숨이 막다른 골목에 이르게 될 것이었다. 우선 닻을 내려 배를 어딘가에 정박시켜야만 했으나 얼마 안 있어 주변 일대가 개펄[干潟]로 변하는 바람에, 부속선[橋舟] 조차도 띄울 수가 없게 되었다. 하룻밤을 꼬박 새우며 고생하였다.

8월 28일 맑음. 서풍. 바람이 매우 강하게 불어와 안개가 걷혀 쾌청해지자 사방에서 작은 배들이 나뭇잎처럼 많이 다가왔다. 모두 6~7단[反][24] 정도 되는 어선으로 보였는데 어느 배도 일체 본선에 접근하지 않았다. 다만 본선 앞뒤를 빙빙 돌아 선회할 뿐, 손짓하기도 하고 손으로 불러도 보았지만 가까이 오지는 않았다. 밤이 될 무렵, 이 어선들은 모두 떠나갔다.

---

24 단[反]은 일본 선박 돛의 폭을 나타낸다. 1단[1反]은 돛 한 개의 폭으로서 3자[三尺, 대개 91cm]이므로 6~7단[反]의 선박이라면 대개 돛의 폭이 약 5~6m 정도 되는 돛을 실은 선박이다.

8월 29일 맑음. 남풍. 파도가 조용하였으므로 닻을 올려서 5~6리^里(20~24km) 정도 흘러가 보니 다시 얕은 바다에 이르렀다. 다시 그곳에 닻을 내렸다. 그때 7~8단^[反](약 6~7m) 정도 되는 어선 4척이 다가왔다. 나무판자와 붓을 꺼내어 「여기에 글을 써보라」라는 몸짓을 하였으므로 나무판자에 글자를 써서 던져 주었다. 그 배는 그 나무판자를 주워서 저 멀리 달려갔다. 그 문장에는 「일본인이 역풍을 만나 표류하였다. 우리를 구조해 주시오」라는 내용이 쓰여 있었다.

8월 그믐날(30일) 흐림. 동풍. 바다 물살이 거칠어져 본선이 개펄에 올라타 마침내 난파되고 말았다. 그리하여 각자의 생각대로 크고 작은 부속선^[橋舟]으로 옮겨 목숨을 구하고자 준비하려던 찰나, 8단^[反](7m) 정도 되는 어선 두 척이 본선 옆으로 접근하여 배를 연결했다. 테이지로 이외,

두세 명이 부속선을 타고 그 어선으로 넘어갔다. 「도와달라」는 말을 건 넸으나 한참 동안 받아들여 주지 않았다. 두 손을 합장하면서 몇 번이나 부탁하자, 의미가 전달되었는지 우리 뜻을 이해한 것처럼 보였다. 그로부터 본선에 타고 있던 모든 사람이 또 다른 한 척의 부속선을 타고 두 척의 어선으로 옮겨 탔다.

이 배에는 처와 아들 등을 태우고 있어, 모두 십여 명의 사람이 타고 있었다. 그리하여 그 어부의 부인이 우리에게 죽을 만들어서 주었다. 너무나도 정중하고 고마웠다. 또 한 명이 뱃머리에 올라가 소라[法螺]를 불자, 작은 배들이 많이 모여들었다. 본선本船 쪽으로 배를 저어 와서는 각각 본선에 남아 있던 우리들의 짐을 약탈해 가는 모습이 보였다. 밤이 되자 배가 남쪽으로 향해 달려갔다.

9월 1일 흐림. 동풍. 아침 안개 속에 수많은 배가 왕래하고 있었다. 같이 배에 탄 중국인 중에 나이가 많은 어떤 한 사람이 술을 따뜻하게 데워서, 도미같이 생긴 물고기 튀김과 해파리[海月]를 얹은 덮밥[丼] 등을 주며 먹으라고 권유하며 술도 마시라고 권했다. 이날부터 아침저녁 식사에 여러 가지 다양한 물고기들을 요리해서 만들어 주었다. 또 선장이라 보이는 사람은 항상 배를 조종하는 키를 잡고 있었는데, 매우 험악한 인상으로 그 배에 탄 첫날부터 말 한 마디를 하지 않았으므로 매우 이상하게 생각되어 하룻밤 내내 잠을 잘 수가 없었다.

9월 2일 흐림. 동풍. 오늘도 역시 또 얕은 갈색 바다[渴海]를 항해했다.

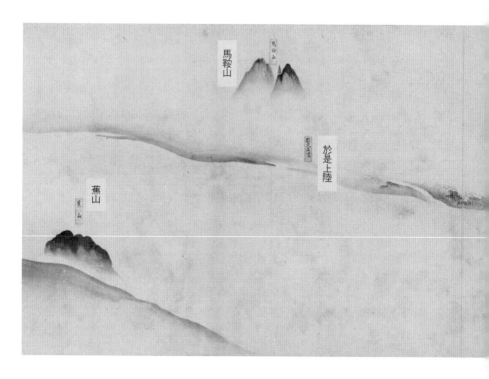

9월 3일 흐림. 동풍. 어제와 달라진 것은 하나도 없고 아직 육지는 보이
지 않았다.

9월 4일 흐림. 동풍. 7각(오후 4시)경 폭이 약 2리 정도밖에 되지 않는 포
구[澳]로 보이는 곳으로 들어가 우리를 구조해 준 어선 두 척을 하나로
묶고, 우리 배에 실려 있던 바닷물에 젖은 쌀들을 그 어선 중의 한 척에
옮기고, 또 다른 어선 한 척에는 사람들을 실었는데, 쌀을 실은 배는 남
쪽을 향해 달아나 버렸다.

한편 한 척의 선박 내에 있던 젊은 여자가 바닷물을 길어서 밥을 짓길
래 이상하게 생각되어 그 바닷물에 손을 넣어 입에 대어 적셔보니 맹물

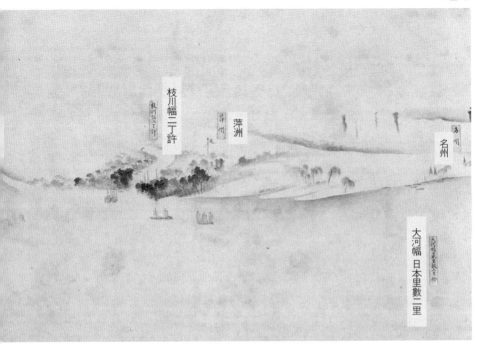

[真水]이었다. 후에 이곳이 '하이먼[海門]'이라 불리는 지역에 있는 큰 하천 [大河]임을 알았다. 그곳으로부터 대략 2리(8km) 정도 강을 거슬러 올라가, 왼쪽 강기슭에다가 배를 대었다.

중국인이 손가락으로 가리키며 말하길, 「이 강기슭이 하이먼[海門] 지역 중에서는 가장 위험한 곳이다」라고 하였다. 그리고 왼쪽 강기슭 쪽이 안전하기 때문에 바로 상륙해 올라가겠다는 의미이었다. 그러나 우리는 모두 이해가 되지 않았는데, 멀리 바라보니 오른쪽 강기슭 쪽이 매우 번화하고 사람들도 많이 붐볐으며 거리도 환하고 민가도 매우 많이 즐비하게 늘어서 있었다. 어찌 되었든 간에 관청은 저 우측 편에 있을 터이리라. 왼쪽은 민가도 거의 찾아볼 수도 없고 작고 초라한 초가집만 겨우 몇

채 있을 뿐으로 넓고 아득한 황야일 뿐이었다.

아무래도 수상한 상대의 도둑 심보를 우리가 알아챈 것을 눈치채지 않게 하려고 그리고 사람 숫자로는 우리가 많아 유리하므로, 선장이 쥔 키를 서둘러 빼앗아 강 상류 쪽으로 운행해 간다면 저 번화가 쪽에 도착할 수 있을 것이다. 그들은 숫자가 적으므로 아무것도 두려워할 게 없다고 생각한 우리는 매우 격분하였다. 기세를 몰아서 중국인 전원을 한 곳에 몰아넣고 우리가 다시 선박의 키를 잡고자 했다. 그러자 선장이 두 손을 합장하며 우리 앞에 무릎을 꿇고 앉아서 말하기를, 「지시하시는 대로 하겠다」라는 의사를 밝혔다. 이에 그에게 키를 다시 쥐게 하여 바로 오른쪽으로 배를 운항하게 하여 강기슭 아래, 좋은 위치에 배를 정박하

도록 하였다. 밤에는 상륙할 수 없으므로 날이 밝기를 기다렸다.

9월 5일 흐림. 날이 밝아지기 전에 상륙하자, 배는 곧바로 쏜살같이 사라져 버렸다. 민가가 어디에 있는지 물어보았으나, 강기슭의 짙은 안개로 분간을 할 수가 없었다. 산이나 산봉우리를 찾아볼 수도 없었다. 모래 해안이 끝없이 넓게 펼쳐져 있었다. 북쪽으로 약간 높은 산이 두 개보였다. 그중의 하나엔 탑이 세워져 있었다. 또 왼쪽으로는 작은 섬이하나 보였는데, 안개로 가로막혀서 명확하지 않았다.

한참을 지나가니, 무성한 갈대밭으로 어떤 중국인 두 사람이 지나가다가 깜짝 놀란 모양으로 곧바로 사라져 버렸다. 얼마 있으니 이윽고 열

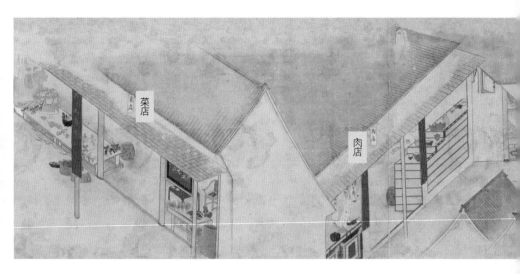

명 정도의 사람들이 다시 또 찾아왔다. 그로부터 남녀 중국인들이 줄을
지어 연이어 모여들었다. 그중의 두 사람은 관리[役人]처럼 보였는데 우
리 앞에 서서, 「당신들은 어느 나라 사람이며, 무슨 연유로 이곳에 오게
되었는가」라고 글로 써서 보여 주었다.

이에 테이지로도 글을 써서, 「일본의 촌 사람입니다. 역풍을 만나 이곳
으로 표류해 오게 되었습니다」라고 대답하였다. 그러자 젠스케[善助]와 테
이지로[貞次郎] 두 사람을 데리고 근처 찻집으로 가서 과자 등을 가져와 대
접하였다. 얼마 지나지 않아 손수레[輦, 렌]를 수십 대 준비하여 우리 짐을
운반하게 하고, 우리 모두를 경호하여 강기슭에서 6~7정[町]25(약 600~700m
여) 정도 떨어진 영락교[永樂橋]를 통과하여, 아름다운 시가지로 들어갔다. 집
들이 즐비하게 늘어서 대개 6정[町](600m여) 정도 이어졌는데, 그중의 한 농
가[農家]에 도착하였다. 술을 주어 마시게 하고 식사 등도 하게 한 다음, 아까

---

25 1정(丁 또는 町)은 대개 109m이나, 여기선 편의상 약 100m로 계산하였다.

그림 **9**

지나왔던 그 번화가로 돌아가, 원해사圓海寺라 불리는 사찰에서 숙박하게 하였다. 다섯 명의 관리[役人]가 배당되어 우리를 호송하였다. 한밤중인데도, 구경하는 사람들이 끊이지 않았다.

9월 6일 맑음. 경호를 위해 관리[役人]가 수십 명 추가됐다. 이곳에서부터 10리里(40km) 정도 되는 곳에 밍저우[名州]라 불리는 야정野町이 있었다. 다시 10리(40km) 정도 더 가자, 핑저우[萍州]라는 대도시[城下]가 있었는데, 그곳으로 호송하기 전에 시내 찻집으로 가, 음식을 제공해 주었다. 얼마 안 있어 손수레가 도착하여 우리들의 짐을 싣고 관리[官役]들 지시하에 진행했다. 가는 거리마다 남녀 구경꾼들이 모여 있었다.

9각(낮 12시)경, 밍저우[名州]라는 곳에 도착하여 두 곳의 찻집에 들어갔다. 찻집 하나에는 중국인, 또 다른 찻집에는 일본인이 들어갔는데, 각 찻집 탁자는 매우 떠들썩하고 활기찼다. 한동안 휴식을 취하고 나서

다시 출발했다. 그곳은 도로 폭이 넓고 목면 밭이 있었는데 하천이 많았다. 가는 곳곳마다 찻집이 많았다.

8각(오후 2시)경, 펑저우[萍州] 성 아래 시가지에 도착했다. 고깃집, 술집, 그 이외 다양한 상점들이 화려하게 치장되어 있고 또 매우 넓어서 깜짝 놀라 눈이 휘둥그레졌다. 거기서 관청[役所]으로 가기 위해 큰 문[大門]으로 들어갔다. 현관의 가와라 다다미[瓦疊]²⁶ 위에 대나무로 엮어 만든 덮개를 깔아 좌우 양쪽으로 앉게 했다.

조금 있으니 관역官役들이 이상한 소리로 외치자, 관리[官人]가 나와서 정면 책상에 착석했다. 붉은 글자로 쓰기를, 「너희들은 어느 나라 사람

---

26 잔기와[棧瓦]나 암키와[平瓦] 등의 가로로 자른 면이 보이도록 나열해 땅속에 매립한 것을 말한다.

이며, 어찌하여 이곳으로 오게 되었는가」라고 질문하였다. 이에 대답하기를, 「일본에서 태어나 자란 촌 사람이다. 역풍을 만나 이곳으로 표류하게 되었다」라고 기록하였다.

이윽고 테이지로[貞次郎]와 젠스케[善助]를 불러 후당後堂으로 데리고 갔다. 관인官人이 정면 의자에 앉아 있었는데, 그 앞에 진홍색 비로드를 걸친 높은 책상이 있었다. 책상 위에는 은으로 만든 통[篭筒]과 붓, 벼루, 종이 상자[料紙箱]가 구비되어 있었다. 오른쪽에 높이가 5자[尺](약 1.5m) 정도 되는 사각기둥으로 된 붉은색 중앙中央²⁷ 같은 물건이 놓여 있었다. 그 위에 족자를 걸어 두었으며 중앙 선반에는 비단 보자기로 싼 상자가 놓

---

27 중앙(中央)은 구체적으로 잘 알 수 없지만, 9월 6일 자 원문의 그림을 참조할 때 관리가 착석한 책상 오른쪽에 배치된 길이 5자 정도 되는 정사각기둥의 소형 장식장으로 유추된다. 2단으로 되어 있으며 상단에 물건이 놓여 있고 주위가 붉은 천으로 장식되어 있다.

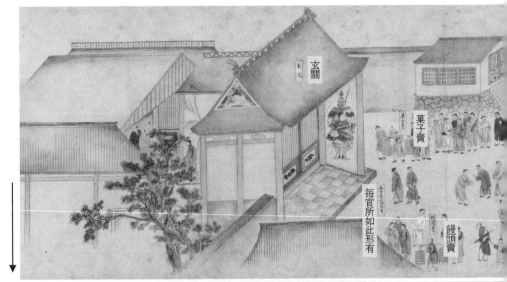

여 있었다. 이것들은 황제로부터 하사받은 고귀한 물건이라고 하였다.
관인의 양 옆으로 30명 정도의 관리[官役]들이 즐비하게 늘어서 두 손을

맞잡고 공손히 읍하였다. 지사[大官시] 나리가 여러 가지로 이것저것 질문 하는 것이 끝나자, 관리[役시]들은 손을 잡고 우리와 함께 관청을 나와 7~8정町(약 700~800m) 정도 지나서, 경요묘瓊瑤廟28라 불리는 묘당에서 숙박하게 하였다【이 묘당은 관우를 안치하여 모시고 있었다】.

9월 7일 맑음. 날이 밝자 곁에서 시중드는 관리[官役]에게 명령하여 밥그 릇과 접시 등을 사서 갖추게 한 다음, 경요묘 앞에 있는 찻집으로 데리 고 가 식사를 하게 했다. 탁자를 5개 정도 준비하여 음식을 내오게 하여, 하루에 세 번씩 식사하게 했다. 반찬은 큰 그릇에 담긴 요리가 세 가지 【그중 하나는 쟈스민과 무를 넣은 고기요리, 두 번째는 두부와 콩나물을 넣은 생선요

---

28 경요묘(瓊瑤廟)는 관우를 모신 묘당의 하나로서 청나라 건국 시, 관우의 영이 도왔다고 하여 중국 전국 각지에 묘당을 만들었다고 한다.

리, 세 번째는 홍당무와 연근 종류를 넣은 닭고기 요리로서, 대부분 간장을 기본양념으로 하였다. 일본처럼 된장을 기본양념으로 한 요리는 드물었다】, 작은 접시에 담긴 요리가 두 가지【하나는 가지를 된장에 절인 것과 또 하나는 무의 겉절이】였다. 세 명의 관리[官役]가 주야로 우리 옆에 있으면서 도와주었는데, 너무 무료하여 같이 필담을 나누려 했으나 관리[官役]들은 모두 글을 모르는 모양으로 소통되지 않았다.

9월 8일 맑음. 사카야키[月代]²⁹를 하여 머리카락을 정리한 다음, 술을 사서 함께 축배를 들었다. 어디서인가 멀리 생황 부는 소리가 들렸는데, 적막을 깨는 대단히 고요한 소리였다. 5각(오후 8시)경, 관리[役人]가 찾아와 인원수를 확인하고 돌아갔다.

9월 9일 맑음. 젠스케[善助]와 테이지로[貞次郎]는 함께 마을 견학을 하기 위해 경요묘를 나가 어느 찻집에 들러 국수를 한 그릇 시켜 먹었다【국수 안에는 닭고기가 들어 있었다】. 가격을 물어보니, 손가락 여덟 개를 세워 가리켰다. 80전錢이라 하기에는 너무 많고 또 8전이라 하기에는 너무 적었다. 붓을 들어「써서 보여 달라」는 손짓을 하니, 중국인이 웃으며「가격은 8문文이다」라고 썼다. 그리하여 16전錢을 두고 떠나려 하는데, 찻집 입구에 구경꾼들이 많이 몰려왔으므로, 마음이 뒤숭숭하여 하는 수 없이 숙소인 경요묘로 돌아와 버렸다. 이윽고 관리[官役]가 작은 서찰[小札]을 가지고 와서 보이며 말하길,「장관[官長]의 법령이 매우 엄격하므로, 거리

---

29 사카야키[月代]는 일본인 남자의 이발 형태로, 이마 언저리 머리카락을 머리 중앙을 향해 반달 모양으로 밀어 버리는 것을 말한다.

구경을 나가거나 놀러 다니면 안 된다」라고 써서 우리에게 보여 주었다. 이에, 「말씀하신 바 법령을 신속히 모두에게 들려주도록 하겠습니다. 죄송합니다. 죄송합니다」라고 대답하였다.

9월 10일 흐림. 너무 많은 구경꾼이 경요묘 안으로 들어오는 바람에 관청 안에까지 그 소리가 들려왔다. 그리하여 경요묘 기둥에 경고문【지금은 그 경고문 내용을 잊어버렸다】을 붙이고 그 앞에 목에 씌우는 형틀[枷] 두 개를 배치했다.

9월 11일 흐림. 이름을 쉰[旬]이라고 부르는 관리[役]가 우리를 매일 찾아와 필담을 나누었다. 이날은 만두를 많이 가져와 우리에게 나누어 주었으므로, 그 답례로서 류큐시 옻칠[30] 찻사발을 그에게 주니 매우 기뻐하였다. 그가 묻기를, 「일본에도 만두가 있는가」라고 말하였다. 이에 대답하기를, 「매우 많다」라고 말하였다. 또 「일본인이 머리카락 반 정도를 삭발한 모습은 매우 흉해 보기가 좋지 않다」라고 말하기에, 나도 이에 대답하기를, 「대 청국 사람들도 보기가 좋지 않다. 머리카락이 매우 적고 긴 꼬리를 가진 짐승 같다」라고 썼다. 중국인 일동이 모두 크게 웃으며 돌아갔다.

9월 12일 흐림. 경요묘 근처에서 찻집을 운영하는 사람이 있었다. 나이는 서른 살 남짓 되었으며, 이름은 천[陳]이라 불렀다. 매우 친해져서 때

---

30 류큐[琉球]·아마미[奄美] 지역에서 발달한 옻칠 그릇으로 금가루를 넣거나 바르거나 나전칠기 등의 기법을 사용한다.

때로 그 사람 집에도 초대받아 갔다. 이날 밤, 갑자기 찾아와 몰래 손짓해 부르기에, 「무슨 일인가」 하고 물었다. 그러자 천씨가 손을 잡고 함께 밖으로 나갔다. 밤이 깊어가기 시작해 태락교泰楽橋라는 다리를 통과해, 해자[堀]가 있는 쪽의 외진 골목길을 2~3정丁(약 200~300m) 남짓 지나서, 어느 목조 가옥으로 들어갔다. 등불을 들어서 그곳으로 들어오라는 손짓을 하였다. 들어가 보니 막 스무 살 정도 된 여자가 두 사람 있었는데, 차를 가지고 와서 마시게 하고, 술과 고기도 주문해 가져왔다. 또 소년 한 명이 생황[笙]을 비롯해 해금31 등도 가져와 연주하는 가운데, 즐겁게 술을 몇 잔 마셨다.

그러나 관리[官役] 한 명이 허겁지겁 찾아와 눈을 부라리며 진씨를 야단치듯이 노려보았다. 관리[官役]가 나를 향해, 「빨리 돌아가. 돌아가」라는 뜻으로 바라보았으므로 흥이 다 식어 버려 숙소인 경요묘로 돌아왔다.

9월 13일 맑음. 아키메포[秋目浦]32 출신의 에이스케[永助], 이부스키 스리가하마[指宿摺浜]33 출신의 마고자에몬[孫左衛門]이 학질[瘧病, 말라리아]에 걸려 열이 났다. 관청[役所]에 탄원문을 써서, 「두 사람이 병에 걸렸으므로, 의사와 약이 필요합니다」라고 말하자, 당장 두 사람의 의사가 와서, 손을 상자 위에 놓고 맥박을 짚고 배를 만져 진찰한 다음 버선34에서 붉은 종이를 끄집어내어 병명과 병자 이름, 처방전을 써 주었다. 그 뒷면에는 의사 이름이 쓰여 있었다. 25전을 가지고 약국으로 가서, 약 한 첩을 조제해

---

31 해금을 중국에서는 호궁[胡弓]이라 한다.
32 현재 가고시마현 미나미사쓰마시 호쯔죠 아키메포[鹿児島縣南薩摩市坊津町秋目浦]이다.
33 현재 가고시마현 이부스키시 유노하마[指宿市湯の浜]이다.
34 발에 신는 버선처럼 생긴 것으로 그 속에 필기구 등을 꽂아 둔다.(용어사전 484쪽 참조)

와서 병자에게 마시게 했다. 말단 관리[下役]가 숯과 나무땔감 등을 가져다 주었으므로, 약을 달여 먹였다. 매우 친절하고 정중한 대접이었다.

9월 14일 맑음. 목욕탕에 가고 싶다고 부탁했다. 관리[役시] 두 사람이 와서, 우리를 인원수별로 나누어 데리고 갔다. 목욕탕의 욕조는 모두 푸른 빛을 띤 응회암[靑石]으로 만들어져 있었다. 목욕탕 물은 삼 단으로 나누어져 있었는데, 건물 옆쪽에 유리로 된 창문이 열려 있었다. 실내 욕조는 일본의 증기 욕탕과 비슷했다【일반적으로 중국 목욕탕이라 불렀다】. 목욕이 끝나자, 여자들이 와 목욕 가운【우리나라(일본)의 유가타가 아니라, 커다란 보자기 같은 천이었다】을 입혀주고, 의자에 앉아 차를 마시게 하였으며 과자도 가져와 사람마다 나누어 주었다. 요금은 관리[官시가 지급해 주었다. 나중에 들어보니, 한 사람당 목욕 요금이 30문호이라고 하였다. 그래서 매일 가고 싶다고 부탁했으나 허가받지 못하고, 삼 일마다 가는 것을 허락한다는 대답을 들었다.

한편, 검은 비단옷을 입은 사람이 한 명 찾아와 필담을 나누기를, 「충밍현[崇明縣][35]에도 한 사람 와 있는데, 류큐인은 어떤 사람들인가」라고 물었다. 이에 대답하기를, 「당신은 누구이며 관위를 가졌는가? 관위가 있는 사람이 아니라면 어찌하여 질문하는가」라고 대답했다.

또 다른 사람이 종이를 내밀면서 필담으로 말하기를, 「당신들 스물일곱 사람은 대양 중에 폭풍을 만난 위기에 처했을 때, 오로지 어선의 도움으로 구조되었다. 이는 다름 아니라 선장 왕위안차이[汪源財]와 조타수

---

35 충밍현은 양쯔강 삼각주의 하나로서 중국에서 세 번째로 큰 섬이다.

[舵工]가 매우 고생해서 도와준 음덕 덕분이었다. 그리고 또 한 사람이 표류하여 와 이미 충밍현[崇明縣]에 영접되어 있는데, 가까운 시일내에 즉 2~3일이면 반드시 만나게 된다는 기쁜 소식이 있다. 이것은 거짓말이 아니다. 지금 내가 왕위안차이를 조사해, 여러분들이 소유했던 쌀과 화물을 어떻게 가지게 되었는가에 대해서 규명하여, 이미 관청에서 처벌을 받았다. 왕위안차이가 말하기를, 「내가 그들을 구조해 주자, 그들이 직접 부탁하며 쌀들을 나에게 주었다. 그리고 선상에서 이미 침수되었던 스무 포대 남짓 되는 쌀들은, 스물일곱 명의 간곡한 부탁에 의한 것이었다」라고 하였다. 또 전날 풍랑 속 위기로부터 구조된 것에 대해 깊이 감사한 그대[大시]들이, 쌀과 짐을 왕위안차이에 보낸 것이었다. 또 여러분의 깊은 은혜로 그의 죄가 용서되도록, 서로 쌍방 간에 보답해 준다면 모두 좋은 일이 될 것이다. 바라옵건대, 꼭 왕위안차이에 증여했다고 증빙해 주어 억울한 죄를 해명할 수 있다면, 여러분 모두에게 깊이 감사드리옵니다」라고 말하였다.

9월 15일 맑음. 경요묘에 큰 축제가 있는 모양으로 이른 아침부터 사람들이 오십 명 정도, 이상한 모양의 깃발 등을 들고 왔다. 조금 있으니 도락道樂의 음악 소리가 들리자 관리[官시]들 행렬이 경요묘 안으로 들어왔다【관명은 본청本廳임】. 또한 이렇게 기록되어 있었는데, 「오늘 많은 사람이 모일 것」이라고 하였다.

사시巳時(오전 10시)경 관제(관우) 행렬이 정비되자, 선두에는 대형 깃발과 붉은색 큰 우산이 앞장서고, 그 뒤를 이어 14~15명 정도 되는 아이들【걸을 수 없는 아이들은 가슴에 안고】이 목에 씌우는 형틀을 쓰거나 혹은

벌거벗겨 앞으로 내민 두 손끝에 촛불을 들게 하거나 쇠사슬을 목에 걸게 하는 등등, 모두 죄인 형상을 하고 있었다. 그 행렬 뒤에는 선홍색 비로드에 금실로 바느질한 의복을 걸친 승려 십여 명이 탁발을 들거나 생황을 불고 또 그 옆에서 징[銅鑼]을 울리면서, 대열을 지어 온종일 온 시내를 천천히 걸으면서 종횡무진으로 돌았다. 그 이상한 모습이란 무엇으로도 비유할 수가 없었다. 그리고 일본인을 신기하게 생각한 구경꾼들이 인근 마을들로부터 쉴 새 없이 경요묘로 찾아와, 밤·감·대추·마름 열매[菱]·볶은 콩 등을 많이 가져다주었다.

9월 16일 흐림. 한편 같은 탑승자 중의 한 명인 류큐 출신의 오시로 빼친[大城親雲上]36이란 자가 얼마 전까지 일본인 모습을 하고 있다가 무슨 생각에서인가, 다시 류큐인 복장을 하고 관청으로 찾아가 필담하기를, 「나는 중산국中山國37의 오시로 빼친[大城親雲上]이라 하며, 중산국 지배를 받는 이헤이야섬[伊平屋島] 소속의 하급관리이다. 하인[僮僕, 동복] 및 조타수[舵手] 등 여섯 명이 작은 배를 타고 나하[那覇] 항구를 출발했다가, 바다 한가운데에서 순풍을 만나지 못해 사쓰마[薩摩] 바닷가의 사타온미사키[佐多御岬]까지38 표류하고 말았다. 선박이 부서지는 조난 사고 때문에 나머지 다섯 명은 익사하고, 나 혼자만 살아남았다. 그리하여 테이지로[貞次郞] 선박에 탑승하여 바야흐로 장군부성將軍府城(사쓰마 번주의 성)에 도착하려던 찰나, 불행하

---

36 오시로[大城]는 성이고 빼친[親雲上]은 류큐의 관직명이다. 親雲은 빼친 또는 빼쿠미라고도 불리우는 류큐국 중견 정도의 관리로서 정3품에서 종 7품까지의 사족(士族) 칭호이다. 황금색 관을 쓰고 은으로 된 비녀를 꽂았다.
37 류큐국을 가리킨다.
38 사다온미사키는 현재 가고시마현 기모쓰기군 미나미오스미쵸 사다마고메[鹿兒島縣肝属郡南大隅町佐多馬籠]에 위치한다.

게도 이번에도 또 역풍을 만나, 마침내 이곳까지 오게 되었다. 그러므로 바라옵건대 부디 저를 불쌍히 여기셔서 푸젠관[福建館]으로 호송하여 주시기를 부탁한다」라고 탄원하였다.

그리하여 우리들 스물여섯 명이 관청에 호출되어 관리[官人] 앞에 나란히 꿇어앉자 오시로 빼친[大城親雲上]과 상기 탄원서를 들고 나와 붉은 글씨로, 「구조인은 류큐국 사람인가 아닌가?」라고 심문하였다. 어떻게 해보려 해도 어찌할 도리가 없었으므로 이에 글로 필담하기를, 「기록된 바그대로이오며, 구조인은 선박 중의 혼잡함으로 인해 잘못 기록되었을 따름입니다」라고 대답했다.

또 필담으로 묻기를, 「사쓰마는 어느 지방인가?」라고 질문하였다. 이에 대답하기를, 「집은 장군부성 동쪽 해자 쪽에 있다」라고 썼다. 관리[官人]가 그 종이를 들고 후당後堂으로 들어갔다. 심문이 끝나자, 우리는 오시로 빼친[大城親雲上]을 향해 욕을 퍼붓고 숙소 경요묘로 돌아왔다. 소관小官이 손짓으로 류큐국은 대청국 지배하의 섬이기 때문에, 오시로[大城]는 다른 곳에 숙박하게 될 것이며, 푸젠[福建]으로 송환하게 되었다고 알려왔다.

9월 17일 맑음. 관리[役人]가 와서 필담으로, 「여기서부터 9리쯤 되는 곳에 한구읍罕丘邑이 있는데, 두 사람은 구경하러 가 보겠는가」라고 물었다. 이에 젠스케와 테이지로를 동반하여 1리 반(6km) 정도 가서, 어떤 마을의 찻집으로 들어갔다. 돼지고기 요리가 나왔는데, 식사도 함께 나왔다.

식사가 끝나 다시 5~6정丁(500~600m) 정도 가니, 금사묘金砂廟라 불리는 곳에 도착했다. 정면에 커다란 금부처가 세 기 안치되어 있었는데,

오른쪽 방 한 칸[間]에 탁자를 설치하여, 그곳에 머물게 되었다.

조금 있으니 그곳의 주인이 나와 여러 가지 골동품을 가지고 와서 보여 주었다. 그중에 수정으로 만든 높이 6~7치[寸]39밖에 되지 않는 포대화상布袋和尚40 불상이 하나 있었다. 그 세공이 너무나 섬세하여 보는 이들이 눈이 휘둥그레져 감탄을 금하지 못했다. 너무나도 갖고 싶어 달라는 손짓을 하자, 주인은 웃으면서 「다른 물건은 희망하는 대로 줄 수 있으나, 옥으로 만든 이 포대 화상만큼은 내줄 수가 없다」라고 말하는 모양이었다. 신시申時(오후 4시)경 금사묘를 떠나서 시가지 여러 곳에 들러 구경하다가, 술에 취해서 밤 5각(오후 8시)경, 숙소로 돌아왔다.

9월 18일 맑음. 이른 새벽에 관리[役人]가 찾아와, 손짓으로 지사[大老爺]41【知縣이라는 관리이다】가 경요묘에 온다고 알려 주었다. 이에 우리는 모두 정장을 하고 기다렸다. 얼마 지나지 않아 징을 울리며 선도에 세 사람, 그 뒤를 이어서 악대[道樂]가 음악을 울리는 가운데, 또 삼십여 명 정도를 거느리고 경요묘 안으로 들어왔다. 정면 의자에 앉아 눈을 부릅뜨고 바라보는 것이 마치 질책하는 것처럼 보였다. 이윽고 중관中官이 목소리를 높여 외치므로 재빨리 쓱 하고 일어나자, 오십 살 정도 되는 관리[役人]가 양손이 뒤로 묶여 포박된 남자 두 사람을 앞으로 끌고 나와 고개를 쭉

---

39 치[寸]는 길이를 나타내는 도량형 단위의 하나로서 1치의 길이는 3.03cm이고 10치는 1자[尺, 30.3cm]이다. 그러므로 6~7치는 약 18~21cm다.
40 포대 화상은 밍저우 펑화[明州 奉化] 사람으로서, 오대(五代)시대 후량(後梁)의 고승이다. 그 성씨와 이름의 출처를 알 수 없으나, 세간에는 미륵보살(彌勒菩薩)의 화신으로 알려져 있으며, 몸은 비만하고 긴 눈썹에 배가 불룩 튀어나왔다. 항상 긴 막대기에 포대 하나를 걸치고 다니며 동냥하러 다녔으므로 포대 화상이라 불린다. 때때로 어려운 중생을 돌봐주기도 하여 칠 복신의 하나로 받들어지고 있다.
41 대노야(大老爺)는 청대(淸代)에 주·현 지사를 높여 부르던 말이다.

펴게 하였다. 그러자 무관武官으로 여겨지는 장사壯士 한 명이 나와 고개를 숙이고 인사를 한 다음, 버선[襪]에서부터 길이 1자(약 30cm) 남짓 되는 소가죽 채찍을 끄집어내어 그 포박된 자의 목을 스무 회 정도 때렸다. 때리는 것이 마치자 곁에 있는 관리[官]시에게 각각 인사를 드렸다. 그러자 잡혀 온 사람이, 「지사님, 지사님[大老爺]」이라 부르며 사죄를 올리는 것처럼 보였으나, 더욱 화를 내어 다시 30대 정도 매를 맞았다.

그때 백목白木으로 만든 나무 받침대 위에 감색으로[42] 염색된 목면 수십 단端[43]을 담아 올려 우리 앞에 두자, 지사[大老爺]가 허리를 굽혀 인사를 하는 것처럼 보였다. 내 머리를 어루만지며 하오리[羽織][44] 등을 손에 쥐고 만져 보았다. 그러자 곁에 있던 관리[役]시가 손짓으로, 「일본도를 가지고 있는가? 가지고 있으면 지사님에게 한번 보여 주시게」라는 의미였다. 이에 와키자시[脇差][45]를 두 개 끄집어내어 보여 드리자, 정말로 감탄하는 것처럼 보였다. 조금 있으니, 「상자 안에 잘 보관하시오」라고 말하였다.

마치고 나니 관리[官]시들은 행렬을 이루어 돌아갔다. 다시 한 사람이 찾아와 손짓으로 말하기를, 「각자 앞에 미리 목면을 펼치어 두라고 말해 두었으나, 그 준비가 되지 않아 이 자리에서 바로 죄를 조사하게 되었다」라고 알려 주었다.

---

42 감색(紺色)은 일반적으로 군청색이라고 부르는데, 천을 쪽으로 물들이면 이 색이 나온다고 하여 쪽색이라고 하기도 한다. 남(藍)이 쪽이라는 뜻이기도 하고. 쪽이 천연색소 중에선 구하기 쉬운 편이기에 예로부터 많이 사용하는 색이다.

43 단(端)은 직물 길이의 단위로서, 1단은 성인 의복 하나 만들 정도의 천 크기로서 일반적으로 2 길[丈] 즉 20자[尺], 즉 6m 정도의 길이를 통칭한다.

44 하오리는 일본에서 겨울에 입는 방한용 짧은 겉옷이다.

45 와키자시는 호신용으로서 큰 칼에 곁들어 허리에 차는 작은 칼이다.

9월 19일 맑음. 나이가 딱 서른 살 정도 되어 보이는 자가 찾아와 문장이 적힌 종이 하나를 건네주었다.

갑자기 광풍이 휘몰아치니, 떠나온 고향을 돌아보며 그리워하는 마음이 애달프구나. 고향에 대한 생각을 억누를 수 없지만, 느긋한 마음과 강한 인내심으로 단지 청 황제의 은혜를 기다릴 뿐이네. 몇 번이고 그대와 이야기를 나누고 싶었지만, 안타깝게 말이나 풍속 등이 달라서, 여러 가지로 막연하고 사소한 이야기가 되고 말았구나. 그러나 아득히 머나먼 하늘 끝까지 편력하였으니 바로 신선이라네. 특히 그대가 사는 곳은 이웃나라이니, 오늘 우리가 서로 만날 수 있음도 바로 하늘이 내려주신 인연이라 말할 수 있겠구나. 대단히 부끄럽기 짝이 없지만, 이 서툴고 부족한 시구를 그대에게 보내노라.

라고 쓰여 있었는데, 이름은 기록되어 있지 않았다.
또 깜박하고 그의 이름을 물어보지 못했다.

9월 20일 맑음. 관리[官]가 돼지고기 10근[斤]⁴⁶을 보내 왔다. 그리하여 「지사님[大老爺] 은혜에 감사드립니다」라는 글을 써서, 심부름하는 하인에게 부탁해 보냈다. 그리고 마을에 사는 지인이 술을 한 병 보내어 왔다. 또 천[陳]씨가 마름[菱]을 가지고 와서 주었으므로, 경요묘에서 모시는 신이 있는 작은 재실[齋室]로 들고 가서 술을 몇 잔 올렸다.

---

46 1근은 약 600g이므로 10근은 6kg이다.

9월 21일 흐림. 경요묘 뒤쪽에 초가집들이 있었다. 그 집 주인 이름은 위안팡[元方]이라 하는데 두부 집을 하고 있었다. 점차 친해져 그가 우리를 초대하였다. 다섯 명이 나란히 방문하니, 그 집 안주인이 탁자를 준비하여 그 위에 술과 고기요리 두 접시 및 녹색 채소튀김들을 가져 왔다. 한참 시간이 지나자 사람들이 종이를 가져와 그들에게 서화를 그려주기를 원한다고 말하였다. 우리는 완강하게 사양하였으나, 들어주지 않았다.

그리하여 젠스케가 먹물로 매화를 그리고, 테이지로는 그 그림 위쪽에 「길거리 꽃들이 비단같이 아름답네. 꽃잎이 하늘을 춤추며 뒷마당에 떨어지네」라는 글을 커다랗게 써 주었다. 그러자 이번에는 부채를 많이 가지고 왔으므로, 난이나 대나무 등을 그리고 중국인의 시문이나 일본 노래[和歌] 등도 써 주었다. 이런 조촐한 서화들을 받고는 보통 기뻐하는 것이 아니라 너무너무 기뻐하며, 가지고 돌아갔다. 마침내 흰털 부채 두 개를 두 사람에게 선물하니, 매우 기뻐하였는데 부끄럽기 짝이 없었다.

9월 22일 맑음. 젠스케와 테이지로가 환전소에 가 보니, 정품의 은화[正銀]를 잘라 팔고 있었다. 은화 1냥[兩]은 일본의 무게로는 4몬메[四匁]였다. 이것을 350전으로 환산해 매매하고 있었다. 동전[銭]은 곱셈으로 계산했다. 금화 매매는 늘 있는 것이 아니었다. 또 일본의 화폐 오반[大判]⁴⁷ 같은 은화를 조개 껍질[貝殼] 모양으로 만든 것이 있었는데, 이것은 30관문[貫文]으

---

47 오반[大判]은 아쓰치모모야마[安土桃山]·에도시대[江戸時代]에 사용되던 커다란 타원형의 금화로서 앞뒤로 10냥(拾両) 등으로 먹물로 써 두었는데, 통화로서보다는 선물이나 하사용으로 사용되는 경우가 많았다.

로[48] 통용되고 있었다. 또 은패銀牌가 있었는데, 20관문 정도의 가치가 있었다. 일본의 판금板金, 丁銀 화폐 같은 것이었다.

9월 23일 맑음. 하이먼[海門] 지역은 목면을 많이 재배하여, 명산지로 꼽히고 있었다. 품질 좋은 상급 목면은 2길 5자[49] 가격이 150전錢에서 400전錢 정도 했다. 또 주홍색 물감[朱]은 1근(600g)에 400전에 매매되었다. 치리 멘(바탕이 오글쪼글한 비단) 1단端(60m) 가격은 3관貫 400전 정도이고, 무늬 있는 비단[單子]은[50] 1자[尺](약 30cm)에 100전 남짓하였다.

상급 백미는 1되[升][51] 가격이 12문文에서부터 18문 정도 하였다【쌀은 일본 쌀보다 상당히 품질이 떨어졌으나, 류큐 쌀보다는 품질이 좋았다】. 한편 중국의 백미 1되[升]는 일본의 5홉[合][52]이었다. 조[粟]는 전혀 찾아볼 수 없었다. 콩 종류는 비교적 다양하여 한 말 가격이 8진[錢] 정도였다. 그리고 또 국수라 불리는 것이 있는데, 일본 국수와는 달리 찹쌀과 푸른 콩[靑豆]으로[53] 만들었다. 곡물가루는 소가 맷돌을 돌려서 만들어진 것이었다.

9월 24일 맑음. 경요묘 앞에 여섯 명이 와서 징을 치고 울리며 사람들을 모으는 것 같았다. 한참 시간이 지나자 사람들이 많이 모여들었다. 이들 여섯 명 중에서 열여덟 살가량 된 아름다운 여자 옆에 천막을 치고 중앙에 담요를 깔아서 둥글쇠[金輪], 깃발, 사다리, 큰 칼[大包丁] 등을 연이

---

48 1관(貫)은 1,000문이며 30관문은 30,000문이다.
49 1길[丈]이 10자(1자는 30.3cm)이므로 2길 5자는 25자이므로 약 7.5m이다.
50 비단 실로 짠 광택이 나고 두꺼우며 무늬 있는 견직물을 일컫는다.
51 1되[1升]는 10홉[合]이고 1홉[合]은 0.18리터이므로, 1되는 1.8리터이다.
52 1홉은 0.18리터이므로 5홉은 약 0.9리터이다.
53 일명 청대콩이라고도 부른다.

어 끄집어내고, 또 이상한 옷을 입은 남자가 쇠고리를 돌리면서 위로 던져 올리거나 하면서 다양한 도구들을 다루었다. 이어서 깃발을 세우더니 그 위에 올라타고는, 여러 가지 다양한 기예를 펼쳤다. 그리고 잇달아 여덟 살가량 되는 아이를 불러내어 담요 위에 눕히고는 크게 소리를 지르면서 큰 칼로 목을 잘랐다. 세 덩이로 잘랐는데, 한 덩어리에는 남은 피가 뚝뚝 흘러내려, 실제로 죽은 것 같았다. 잇달아 바로 담요로 감싸 치워버렸다. 구경꾼들이 5문文씩 돈을 던져 주자, 이것을 주워서 돌아갔다. 참으로 눈뜨고는 쳐다볼 수 없는 풍경이었다.

　얼마 안 있어 중국인 두 명이 찾아와 필담하기를, 이곳 하이먼부海門府 지방관께서 장쑤성江蘇省에 갔으므로, 알현할 수 있는 사람이 지금 관청에는 없다. 4~5일 이후, 자네들 인원을 나누어 이곳 관청에서 출발하여 본국으로 돌려보낼 것이다. 너무 걱정하지 말고 여기서 기다리면, 지방관이 이곳에 도착해 당신들을 보내어 줄 것이다. 10년 전, 조선국 선박이 태풍 때문에 조난을 당해 이곳으로 표류해 왔을 때, 남긴 시문이 하나 전하고 있다.

　　태초에 천하가 여러 개로 나뉘어져 있다가 통일되었다. 당신들은 중화국을, 우리들은 변경을 서로 나누어 가졌다. 중화인이 조선국에 표류해 왔을 때, 두터운 인정으로 접대해 주었다. 우리들 조선인이 해난 사고로 중화국에 표착하였을 때, 간신히 목숨을 건져 겨우 연명하는 상태였다. 우리들의 목숨은 하나도 아깝지 않지만, 팔순 된 노모가 실로 불쌍하고 가련할 뿐이다.

라는 시문이었다.

9월 25일 맑음. 중국인이 찾아와 필담하기를, 「당신들을 구조한 어선 선장 왕위안[汪源]이 충밍현[崇明縣]에 있는데, 장관[官長]이 군대를 보내어 체포했다」라고 말했다. 조금 있으니 이윽고 어선 선장이 목에 형틀을 찬 채 체포됐다. 관리[官役] 두 사람이 경요묘 내로 황망히 분주하게 들어와, 우리 앞에 무릎 꿇고 큰소리로 외쳤다. 무슨 연유인가 하고 깜짝 놀라니, 드디어 관리[役人]가 벼루를 꺼내어 글로 쓰기를, 「당신들을 구조해 준 어선 선장이 충밍현에서 체포되어, 전날 이곳에 도착해서 장관[官長]의 고문을 받았다」라고 말했다.

삼 일이 지나자 그 죄인은 마치 미친 사람처럼 되어 「순순[損損]」이라는 소리만 내었는데, 관리[官人]로부터 「네가 일본인의 하물을 약탈하였으므로, 주륙형에[54] 처할 것이다」라는 명령을 받았다는 것이었다.

테이지로가 필담하여 말하기를, 「해난 중에 목숨을 건질 수 있었음은, 오로지 왕위안[汪源]의 구조 덕분이었다. 그리하여 재화로서 그 은혜에 보답할 생각이었으나, 다만 언어가 서로 소통되지 못했다. 설사 가령 그가 약탈했다고 하더라도 무슨 죄가 되겠는가?」라고 말했다. 그러자 관리[官役]와 죄인 양쪽 모두 기뻐하며, 이 문서를 들고 갔다. 또 시내에 사는 사람이 전날 밤 찾아와 필담을 나누면서, 죄인을 구해준 것에 대해 매우 높이 평가하며 필담으로, 「어젯밤 그대[大人]의 기록문을 받아, 관리가 내일 반바문을 제출한다고 하였다 지금 이미 이곳에 답변이 하사되었으므로, 그대[大人]의 배려에 깊이 감사드립니다」라고 말하였다.

---

54 죄인을 사형시키는 형벌을 일컫는다.

위의 그림은 원본에서는 중권의 맨 앞부분에 위치해 있지만 그림 내용이 9월 26일에 부합하므로 이에 위치시켰다.

9월 26일 맑음. 경요묘 안으로 남녀 대여섯 명이 들어와 향을 피우고, 한 명의 노파가 이상한 모양의 옷을 입고 담요 위에서 부인 옷으로 취침하는 흉내를 냈다. 또 종이로 만든 배를 곁에 두고는, 젊은 여자와 두 사람이 일어서서 염불 같은 것을 외웠다. 너무나 이상해서 웃었다가 심한 질책을 받았다. 「왜 무엇 때문인가」 하고 물어보았으나 의미가 통하지 않았다. 생각해보건대 일본의 무당 같은 것으로서, 병자를 위해 기도해주고 회복시키는 굿인 것 같다는 생각이 들었다.

9월 27일 맑음. 우리 모두를 데리고 목욕탕에 갔는데, 돌아오는 길에 사람들이 많이 모여 있었으므로 그곳에 들러 보았다. 번화가에는 사람들이 많이 모여 도박을 하거나 주사위 놀이를 하고 있었다. 왕래하는 사람들은 모두 이것을 하고 있었다. 중국인들이 손짓으로 '일본에도 이와 같은 놀이가 있는가'하고 물었다. 많이 있다고 대답하자, 100전錢을 내

주면서 도박[博奕]을 해보라고 하였다. 「일본에서는 거지 같은 사람들이 도박을 하지만, 만약 일반인이 이것을 한다면 모두 목이 날아간다」라고 말하자, 매우 놀라는 기색이었다. 다만 구경만 하고 찻집에 들어가 과자를 주문하고 술을 마셨다.

숙소로 돌아가는 길에 경요묘 앞에 있는 찻집에 들르자, 한 분의 연장자가 다가와 필담하여 보이길,

이곳은 중화국中華国 장난성[江南省]이다. 가까운 동해에 세 개의 나라가 있는데 바다를 사이에 두고 조선국, 류큐국, 당신들 나라의 일본국이다. 세 나라와는 오랫 동안 사람들의 왕래가 있었으며, 약 20여 명의 상인들이 해난사고로 이곳으로 표착해 왔다. 이곳은 장쑤성[江蘇省]과 하이먼[海門]부 2개 부府의 경계지역으로서, 지방관이 이 건에 대해 이미 상부 각 관헌에 문서를 제출한 바 있다. 가까운 시일 내에 당신들은 장난성[江南省]으로 가서 대헌관大憲官의 심문[下問]을 받을 것이다. 중화국 가경 연간嘉慶年間,[55] 당신들은 고국으로 돌아갈 수 있으니 걱정하지 말라. 당신들은 이것을 명심해라.

라고 말했다. 이에 대답하기를, 「마음이 평화롭게 안심할 수 있음은 진실로 그대[大시가 베푸신 큰 은혜 덕분입니다. 깊이깊이 감사드립니다」라고 인사를 드렸다. 정말로 진실하고 애틋한 마음을 가진 사람이라 생각되어 여러모로 친밀하게 대접하고 서로 정중히 인사를 하고 헤어졌다.

---

55 가경(嘉慶)은 중국 청나라 인종 때의 연호로 1796년부터 1820년까지 사용되었다. 그러므로 가경 연간은 1796~1820년까지를 일컫는다.

『청국표류도』중권

先王以明罰勅法

電電噦噦

秀才

本廳

左右各少官

石屛

兵

救之船主

濡米布囊

9월 28일 흐림(曇). 테이지로[貞次郎]와 젠스케[善助]가 관리[官役]의 호출을 받아 가 보니, 관청 긴물 중간쯤에 철제 닻[철묘, 鐵猫] 하나와 물에 침수된 쌀 60가마니, 그 이외 본선(죠쿠호)에 남아 있던 물건들이 관리 앞에 놓여 있었다. 그들을 구조해 주었던 어선 선장과 그 외 한 명이 항쇄[목칼, 首枷]를 차고 쇠사슬에 묶여 온종일 고문을 당하고 있었다.

관리[官人]가 글로 써서 보여주기를, 「지금 여기 있는 이 물건들은 당신들 자신이 스스로 판매한 것인가」라 하였으므로, 우리가 대답하기를, 「팔고 싶었으나 할 수 없었다. 오로지 당신 생각에 맡길 뿐이다」라고 말했다. 또 관리가 글로 써 보이기를, 「대 쑤저우[大蘇州]에 가면, 합당한 가격으로 계산하여 은화로 환전시켜 주겠다」라 말해주었다. 이에 진심으로 감사드린다는 인사를 드렸다.

관리[官人]가 또 질문하기를, 「일본에서는 쌀 서 말 가격이 얼마나 되느냐」라 물었으므로, 「2관문二貫文입니다」라고 대답했다. 또 「철제 닻[鉄錨]

의 가격은 얼마나 되느냐」라 묻기에 이에 「60관문입니다」라고 대답했다. 한편 (중국의) 백미 한 되[카]는 일본의 오 홉[五合카]에 해당하였다. 필담을 나누었던 종이는 관리[官시]가 직접 만든 책자 안에 집어넣었다. 7각 (오후 4시)경, 경요묘로 돌아왔다.

9월 29일 맑음. 여느 때처럼 천[陳]씨의 안내를 받아, 함께 목면가게[綿屋] 2층의 8쵸[八畳, 일본 다타미 방의 크기로 환산됨] 정도 되는 방으로 들어갔다. 흰색 벽에는 관우 초상이 걸려 있고, 그 앞에 향이 피워져 있었다. 또 '춘랑春朗'이라 쓰인 액자도 걸려 있었다. 조금 있으니 차를 가져다주어 마셨다.

이 집 주인은 약 쉰 살 정도 되었는데, 그 아들인 듯한 스무 살 정도 되어 보이는 사람이 벼루를 가지고 와 필담으로, 「당신은 부모님이 모두 계십니까」라고 물었다. 이에 「모두 계십니다」라고 대답했다. 또 그가 묻기를 「처자가 있습니까」라 하였으므로, 「있습니다」라고 대답했다. 또 그가 필담으로, 「남쪽 저장성[浙江省]이란 지역에, 해마다 상인들이 왕래하고 있습니다. 다만 일본과는 먼바다로 격리되어 있으나, 걱정할 필요는 없습니다. 올해 안으로는 여러분 모두 본국으로 돌아갈 수 있을 것입니다」라고 말하며, 선물로 서양 은화[洋銀] 1원元【네덜란드 화폐로서 7몬메[匁] 2푼[分]임】을 주었다.

7각(오후 4시)경, 깊이 감사드리고 경요묘로 돌아왔다. 또 경요묘 앞에 유학자들이 모여 있었는데, 글이 적힌 종이 한 장을 가지고 와 건네주었다.

중국과 가까운, 해가 뜨는 동쪽 부상국扶桑国 일본으로서 중국[華夏] 변방국이 된 지 이미 천년이나 되었다. 바다와 하늘로 비록 길이 단절되어 왕래할 수 없지만, 태평성대에 이리 서로 만나게 됨은 정말 인연이 있었기 때문일 것이다. 언어가 비록 서로 소통되지 못하여 필묵에 의지하나, 일본의 의상은 실로 옛날 중국의 분위기를 아련하게 풍기고 있다. 이국땅으로 표류해 와, 고향 땅으로 돌아가는 것이 늦어질까 걱정하지 마시오. 황제의 어진 덕과 자애로움으로 당신들은 반드시 귀국할 수 있을 것이다.

라고 쓰여 있었다.

【처음 문장은 일본 테이지로[貞次郎]의 7언 율시이다】.

성현의 논어가 중국을 교화시키고, 나아가 동방 이웃 나라들도 감화시켜 아직도 이 책이 전하고 있다. 7도 3기畿 지역 사람들도 모두 함께 배워서, 오상사덕五常四德[1]으로 민중을 돈독하게 가르쳐야만 한다. 쓸데없이 목소리만 높여 큰 소리로 경문을 암송하고 문예에만 정통할 것이 아니라, 스스로 직접 행동으로 자손들에게 솔선수범해야 할 것이다. 중국[天朝, 천조]을 잘 받들어 모심으로 천박한 지방 풍속을 안정시켜, 영원히 대대로 대청국의 은혜를 잊지 않도록 해야 할 것이다.

【결구공집結句恭集】 어제시御製詩

【테이지로가 짐꾸러미 속에서 한 권의 『논어집주』를 끄집어내었다. 그것은 일본에서 인쇄·제본[裝釘]된 책 속의 7언율시로서 이것을 그 유학자에게 증여했다.】 옥산표山이 이 시를 옮겨 적었다.

---

1   오상 사덕(五常四德)의 오상은 인의예지신(仁義禮智信), 사덕은 인의예지(仁義禮智)이다.

10월 1일 맑음. 경요묘 기둥에 '성 탄생일聖誕生日'이라고 커다랗게 써서 붙여져 있었다. 인근 촌락으로부터 많은 남녀가 찾아와 선향 2다발과 붉은 초 2개를 가지고 와서 참배했다. 경요묘 내에 보물창고[宝蔵]라 불리는 곳이 있었다. 흰 벽으로 된 건물로, 사방의 크기가 각각 1칸[間](대략 1.8m)이었다. 지전紙錢이라 불리는 금종이를 잘라서 만든 돈을 이 보물창고에서 태우며, 삼일 동안 불이 꺼지지 않도록 했다. 그리고 또 일본인을 구경하러 온 사람들이 많이 찾아와, 기름에 튀긴 콩 등을 많이 가져다주었다.

10월 2일 맑음. 위안[寅]이라 불리는 유력자의 집[豪家]에서, 우리 체재 경비로서 쌀 10포대【아마도 15되 정도 들어 있음】와 돈 10천문[銭十千]【일본의 10관문貫文에 해당함】을 보내어 주었다. 경요묘 바깥 기둥에, 「핑저우[萍州]의 원寅이라 불리는 상가에서 쌀 10포대와 돈 10관문을 보내어, 일본인 모두의 여행 경비에 도움을 주었다」라고 써서 붙여 두었다. 그것을 보고 절하며 깊이 감사의 인사를 드렸다.

左右垂桃樹

戱言堂

宰令之官人

社人

市中

榮萬橋

此邊擤茶坊

이 주변은 모두 찻집임

10월 3일 맑음. 새벽에 관리[役시]가 찾아와 필담하기를, 「오늘 당신들은 이곳을 출발하여, 80리 정도【일본 이수里数로는 12리 반】² 육로로 걸어가서 퉁저우[通州]로³ 호송될 것이다」라고 알려주었다. 식사를 마치고 난 뒤, 우리 일행을 관청[官所]으로 데리고 가서, 현관 좌우에 나란히 앉혔다.

관리[官시]가 필담으로 쓰기를, 「오늘 당신들은 장쑤성[江蘇省]으로 호송될 것인데, 한 사람당 돈 한 쾌【800문】와 의복 한 벌씩을 줄 것이다」라 말하였다. 이에 대답하기를, 「크나큰 은혜에 깊이 감사드립니다」라고 썼다.

한편 테이지로는 돈만 받고 의복 증여에 대해서는 아무런 언급이 없었다. 전날 관청[官所]으로부터 필담으로, 「모두 덮는 이불은 있는가」라고 물었으므로, 이에 테이지로가 대답하기를, 「다른 사람들은 부족하지만, 저만큼은 충족합니다」라고 하였기 때문이라는 생각이 들었다. 그러자 장관[官長]이 몹시 화를 내며 관리[役시] 한 명을 불러내어 그를 약 5칸

---

2 일본 이수로 12리 반은 50km 남짓 되는 거리이고 중국 이수로는 1리가 약 625m로 계산된다.
3 퉁저우는 중국 장쑤성[江蘇省] 동남부 및 양쯔강[長江] 동북 지역에 위치한다.

[間](9m) 정도 물러나게 한 다음, 사람을 시켜서 소매자락을 걷어붙이고 끝을 잘게 쪼갠 대나무[割り竹]로 서른 차례 정도 두들겨 패게 하였다. 「무엇 때문에 저렇게 화를 내는가」 하고 물어보니, 「테이지로[貞次郞] 한 명에게는 비단 옷감으로 만든 옷을 주라」고 명령했는데, 이를 어겼기 때문이라고 대답하였다.

그 후 경호 역이 말을 타고 왔으므로, (우리) 일행은 모두 정중히 감사 인사를 드린 다음 관청[官所]을 출발하여 경요묘로 돌아왔다. 돌아와 보니, 커다란 손수레[輩]가 13대, 작은 손수레가 15대 놓여 있었다. 여기에 두 사람씩 태워, 시내를 5정[丁] 정도⁴ 지나 마을 끝에 도착하자, 지인 천[陳]씨를 비롯하여 그 이외 여러 사람이 연이어 찾아와서 과자 등을 가지고 와, 전별로서 주었다. 잠깐이었으나 불가사의한 인연을 맺게 되어, 서로 아쉬운 마음에 눈물을 흘리며 이별하였다.

한편 퉁저우[通州]로 가는 도중은 모두 목면 밭이었다. 두 개의 마을을 지나 유촌[宥村]이라 불리는 곳에서 수레를 멈추고, 한 찻집[茶店]으로 들어가 술과 안주를 내어와 점심을 먹게 해주었다. 거리거리마다, 사찰과 높은 누각들이 있었다. 그리고 농가 중에 돌문을 가진 무덤이 있었다. 「이것이 무엇이냐」고 물어보았더니, 「순장하여 죽은 부인들의 무덤이다」라고 대답해 주었다. 또 길 한쪽에 어선들이 있었는데, 그것을 구경하며 걸어 다녔다. 또 작은 널다리[板橋, 판교] 위로 남자 한 명이 다섯 명의 여자들 손을 잡고 지나가고 있었다. 이것은 중국 여인들의 발이 작아 혼자서는 자유롭게 걸을 수 없기 때문이라고 생각되었다.

---

4 5정은 500m의 거리이다.

이미 한밤중이 되어서야 퉁저우[通州]로 들어갔다. 날씨가 매우 좋은 상쾌한 밤이었다. 시내로 들어가자 일본인이 왔다는 소식을 들은 구경꾼들이 많이 몰려왔다. 화려한 번화가를 8정町(800m여) 정도 지나, 옛날 성곽의 큰 돌문이 있는 어둡고 확실히 잘 알 수 없는 곳을 통과했다. 그곳을 4~5칸[間]⁵ 정도 지나가자, '성후이[勝会]'라고 쓰인 액자가 걸려 있었고, 멋진 누각 지붕들이 즐비하게 늘어선 상점들에 유리등 불이 커져 있어, 그 밝고 휘황찬란함이란 마치 대낮 같았다.

5각(오후 8시)경, 또다시 길을 지나서 커다란 성문에 도착했다. 이 성문 입구는 폭이 3칸[間](5.4m) 남짓, 높이가 8자[尺](2.4m) 남짓, 안팎 길이가 10칸[間](18m) 정도 되는 구멍처럼 보였다. 문은 철제로 삼중으로 만들어져 있었다. 여기서 한참 대기하고 있다가 마침내 관리[役시]가 오자, 그에게 우리를 넘겨주고, 거기서부터는 그곳 관리[役시]들 인내로 시가지를 50정丁(약 5km) 정도 지나가, 자영묘紫英廟라고 쓰인 대문에 도착했다. 정면에 2길[丈](6m) 정도 되는 아미타 부처 3기가 안치되어 있었으며, 그 옆으로는 커다란 종과 북이 걸려 있었다.

한밤 3경三更(오전 0시)이 되어 식사를 가져다주었다. 국은 돼지고기 국물이었으며, 접시에는 절인 무 등이 담겨 있었다. 여느 때와 마찬가지로 기와가 깔린 방[堂]이었으므로 침대는 없고 불단에 올라가 휴식을 취했다.

10월 4일 맑음. 관리[官役]가 와서 글로 쓰기를, 「여기서부터 루가오현[如皋縣]⁶까지 130리【일본 이수로는 22리 남짓】⁷ 정도 된다. 수로를 이용하여 누

---

5 1칸[間]은 약 1.8m이므로 4~5칸은 약 7~9m 정도 되는 거리이다.
6 루가오는 장쑤성 직할지이다.

선樓船8을 타고 당신들을 호송할 것이다」라고 말했다. 드디어 식사가 시작되었다. 국물 요리는 된장에 야채와 무를 넣어 익힌 것이고, 접시에는 된장에 절인 무가 담겨 있었다. 그리고 모자에 수정 구슬을 단 관리[官人] 세 명이 가마를 타고, 어젯밤 우리를 경호해 지나 왔던 성문으로부터 들어왔다. (그 성문) 좌우에 있는 2층짜리 건물 앞에 우리들을 대기시켰는데, 비로드 의상을 입은 사람, 모자에 공작 꼬리를 꽂은 사람 등 수십 명이 왔다. 또 악기, 깃발, 창 등을 든 사람들이 와서 성문 정면의 포석 좌우에 기립했다. 특이한 소리로 일동을 향해 서너 차례 외치자, 음악이 시작되었다. 높은 신분의 관리[大官人]가 나왔다. 관명은 포정佈政(종 2품의 관직)으로, 모자에는 붉은 옥구슬이 달려 있었고, 목에는 옥으로 된 목걸

---

7 일본 이수로 계산하면 88km 정도 되는 거리이다.
8 누선은 망루가 있는 선박이란 뜻으로 2층 선박을 일컫는다.

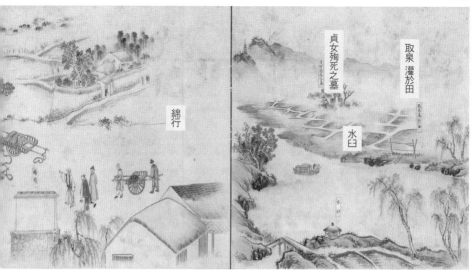

貞女殉死之墓

取泉
灌於田

綿行

水臼

이[連玉]를 걸치고 있었는데 직접 붓으로 쓰기를, 「너희들을 아무런 탈 없이 무사히 본국으로 돌려보낼 것이며 한 사람당 100문文씩 돈을 지급하는 바이다」라고 했다. 우리 이름을 한 사람씩 중국어 발음으로 호명했다. 관리[役시]들이 우리를 재촉하여, 성곽 서문으로 나와 돌아갔다.

병만교井満橋라는 돌다리[石橋, 석교]를 통과하여 큰 강변으로 나가, 어느 한 찻집[御茶屋]으로 들어가 차를 마셨다. 핑저우[萍州]의 쉰[荀]이라 불리는 자【핑저우로부터 여기까지 일본 이수로 대략 30리⁹】가 술을 가지고 왔다. 먼 거리의 길임에도 불구하고 가지고 온 친절함에 감사드리고, 그 술을 마시며 시로 손에 손을 잡고 이별을 아쉬워했다. 두 번 다시 만날 수 없다고 생각하니, 눈물이 가슴에 밀려와 정말로 헤어지기 어려웠다.

또 1정丁(100m)쯤 나아가니, 깨끗하고 정갈한 누선樓船 다섯 척이 정박

---

9 일본 이수 30리는 120km이다.

하고 있었다. 배 한 척에 다섯 명씩 태웠는데, 선체 바깥에 목제로 된 창[戈]이 좌우로 3개씩 세워져 있고, 그 밑에 징[銅鑼]이 걸려 있었다. 배 안에는 양 옆으로 침대가 있었으며, 중앙에 탁자가 구비되어 있었다. 드디어 관리[役人]가 돈 10관문[貫文]을 가지고 와 쌀과 고기, 채소 등을 사서 갖춘 다음, 선장을 불러서 돈을 건네주었다. 뱃삯이라고 생각되었다. 또한 명이 만두를 가지고 와서 우리에게 주었다.

7각(오후 4시)경, 서쪽으로 향하여 배가 출발하였다. 이날은 바람이 없었으므로 선장들은 육지 쪽으로 바싹 배를 붙여서 끌고 갔다【일본 후시미[伏見] 지역에서 강물을 거슬러 올라가는 것과 같았다】. 밤이 되자 등 뒤에서 불어오는 순풍으로 바뀌었으므로, 배를 빨리 운행해 달려갔다.

4각(오후 10시)경, 루가오현[如皐縣]에 도착했다. 관리[役人]가 우리 인원수를 헤아린 다음, 시가지로 들어가 5정丁(500m) 정도 지나갔다. 성을 두 개 정도 지나, 떠들썩하고 활기찬 시내 거리를 통과해 어느 집에 도

위의 그림은 원본에서는 10월 9일 앞에 위치하지만, 그림 내용이 통저우에 관한 것이므로 이에 위치시켰다.

착했다. 사방이 모두 흙으로 된 창고였는데, 그 안으로 데리고 들어가 침대를 만들어 주었다. 드디어 요리가 만들어져 나왔다. (식사)가 끝나자 휴식하였다.

10월 5일 맑음. 붓으로 쓰기를, 「여기서부터 타이저우[泰州]까지는 뱃길로 165리[10] 정도 떨어져 있다」라고 알려주었다. 드디어 식사를 다 마치자 관리[官役]와 함께 관청[官所]으로 갔다.

관직명은 안찰按察(안찰사는 정 3품의 관직)인데, 직접 나와서 우리와 대면하고 글로 써 보이길, 「걱정하지 마십시오. 본국으로 돌아가실 것입니다. 한 사람당 200분文의 돈을 드립니다」라고 말하였다. 우리는 모두 관리[役人] 일행에게 감사 인사를 드리고 성문을 나왔다.

다시 원래의 누선樓船을 타고 다섯 명 관리[役人] 경호하에 서쪽으로 향

---

10 일본 이수로는 약 28리이고 112km이다.

해 배를 출발시켜, 밤 8각(오전 2시)경에 타이저우[泰州]에 도착하였다. 관리[役人] 3명이 등불을 밝히고 우리를 안내하여 시내 2층 건물로 가서, 술 등의 대접을 해주었다.

10월 6일 맑음. 관리[役人]가 필담하여 쓰기를, 「여기서부터 양저우[揚州]까지[11] 수로로 150리 남짓 된다【일본 이수로는 25리[12]】」라고 말하였다. 이곳은 사방이 흙으로 된 집으로, 방의 크기는 거의 1정丁(100m) 정도 되었는데, 주위에 모두 메추리 같은 새를 많이 키우고 있었다.

9각(낮 12시)경, 관리[役人]와 함께 관청[官所] 대문으로 가서 한참 기다렸다. 현관 정면에 이상한 모양으로 장식한 대나무 기둥이 여덟 개 세워져 있었는데, 위로는 붉은 색 비단[緋紗綾]에 만자卍字 따위의 솟을 무늬를 넣어서 짠 천으로 덮혀져 있으며 기둥도 비단 천으로 감싸져 있었다. 사방으로 유리등이 여덟 개 걸려 있고 그 좌우에는 창들이 많이 꽂혀 있고 악기로 장식되어 있었다. 붉은 색 옷을 입은 사람이 열 명 정도 나와 곡을 연주하기 시작했다. 이상한 목소리로 한번 크게 외치자, 관리[官人]가 나왔다. 우리가 무릎을 꿇고 앉아 절을 하자, 관리[官人]가 두 손을 가슴에 대고 머리를 숙였다. 나이는 마흔 살 정도로 온화하고 부드러운 사람이었다. 빙긋이 웃으며 붓으로 쓰기를, 「본국으로 돌아갈 것이니, 아무 걱정하지 마시오. 한 사람당 돈 200문文씩 증여한다」라고 하였다.

이윽고 관리[役人]가 와서 절을 하고 함께 관청[官所]을 나왔다. 누각 아래에는 기와[13]가 깔렸었는데, 그곳을 3정丁(300m) 정도 지나가니, 그 사

---

11 양저우는 현재 장쑤성[江蘇省] 중부 지역으로서, 양쯔강[揚子江, 長江] 하류 북쪽에 위치한다.
12 일본 이수 25리는 100km의 거리이다.

이에 커다란 성관聖館이 있었다. 가까이 다가가서 보니 선비들이 여러 명 모여서 책을 읽고 있었다. 그곳에서부터 큰 강 하구로 나아가, 정박하여 있는 누선樓船 다섯 척에 우리들을 숫자대로 나누어서 배에 태웠다.

내가 탄 배에, 나이가 갓 스무 살 때쯤 되어 보이는 젊은 부인이 서둘러 탑승해 선미 쪽 문을 열고 들어갔는데, 곧바로 갓난아기의 첫 울음소리[産聲]가 들려왔다. 문틈 사이로부터 보니 출산이었다. 아이를 낳은 부인은 그 갓난아기 옆에서 직접 빨래하고 있어, 출산으로 인한 고통은 없어 보였다. 그 남편은 아들이 태어나 매우 기쁜 모양이었다. 선장이 우리를 향해, 「우리의 경사는 일본인 덕분이다」라고 서툰 글씨체로 글을 써 우리에게 보여주고, 돼지고기를 조금 주었다. 이에 우리도 비축해두었던 고기를 삶아서 축배를 들었다. 드디어 7각(오후 4시)경, 배가 출발하였다. 갑자기 배에 닿던 부인은 조산부라고 하였다.

10월 7일 흐림. 새벽부터 잠이 깨어 사방을 둘러보니 산이라 말할 수 있는 것은 도무지 하나도 보이지 않았다. 다만 작은 강들이 사방팔방으로 흐르고 있었다. 마을을 따라 내려가니 쩡텅읍[曽藤邑]이라 불리는 곳에 배를 정박시키고 중국인과 함께 육지로 상륙했는데, 이상한 곳이었다. 강변에 있는 민가의 앞뒤로 작은 배들이 매우 많이 왕래하고 있었다.

이곳은 명주[紬] 등을 매우 많이 생산하는 곳으로 보였는데, 집마다 아이들이 명주실을 뽑는 모습에 경탄할 뿐이었다. 드디어 어느 한 상점에 도착했다. 명주 가격을 물어보니, 명주 옷감 1자[尺](약 30cm) 가격이 30

---

13 와첩(瓦疊)은 잔기와 및 평기와 등의 횡단면을 보이도록 나열하여 흙 속에 묻은 것을 말한다.

문文이라고 하였다. 우리를 호송하는 선박에 같이 탄 사람들이 명주를 많이 사고 있었다. 또 한 가게 주인이 필담으로, 「당신들은 매년 류큐국으로 가는 객상입니까」라고 물었다. 이에 대답하기를, 「남쪽 바다에 류큐국이 있다고는 들었으나, 어디에 있는지는 잘 알지 못합니다」라고 써 보여주었다. 그가 또 물어오기를, 「일본인은 항상 류큐에 거주한다고 들었는데, 정말입니까」라고 하였다. 이에 대답하기를, 「나는 모릅니다」라고 썼다. 그러자 다시 그가 글로 쓰기를, 「당신들은 거짓말쟁이라서 나쁘다」라고 하였다. 이에 대답하기를, 「당신은 누구입니까. 사람을 모욕하지 마십시오」라고 글로 썼다.

10월 8일 흐림. 바람 방향이 좋지 않아 선장들이 배를 육지 쪽으로 바싹 접근시켜 끌고 갔다. 한편 좌우로는 매우 광활한 논밭이 펼쳐져, 짙은 아침 안개 속에 눈앞 저 멀리 푸른 들판 풍경이 이어지고 있었다. 한편 농사짓는 모습 등은 일본과 거의 똑같았다. 물은 모두 두레박 같은 것으로 퍼 올리고 있었다. 큰 나무라 말할 수 있는 것은 일절 보이지 않았으며, 강변에는 작은 소나무나 버드나무, 혹은 일본 침엽수 흑목[14] 비슷한 나무들이 많았고, 또 밀랍을 채취하는 나무로 높이 4자[尺](1.2m) 정도의 가지 많은 벽오동[靑桐]과 비슷한 나무가 있었다.

허즈[賀芝]라 불리는 곳에서 배를 정박하였다. 이곳은 기와를 많이 굽는 곳으로 기와들이 많이 쌓여 있었다. 땔감은 모두 짚이었다. 기와를 굽는 가마는 일본과 똑같았다. 얼마 있으니 한 사람이 술과 잉어를 가지

---

14 흑목(黑木)은 일명 흑단(黑檀)이라 불리며, 감나무과에 속하는 상록 활엽 교목으로, 일본 미나미 칸토[南關東] 지방 서쪽의 비교적 따뜻한 해안가 부근에 분포한다.

고 와서 우리에게 주었다. 이날은 풍향이 좋지 않았으므로 날이 밝은 뒤
에 배가 출발했다.

10월 9일 흐림. 5각(오전 8시)경, 양저우[揚州]에 도착했다. 여기서는 강
폭이 2정丁(200m) 정도 되었는데, 상선과 누선들이 무리를 이루어 왕래
하며 다른 지역보다 한층 더 붐비고 흥청거리는 번화가였다. 한편 성곽
이 강가에 즐비하게 늘어서 있었는데, 그 높이가 3자[丈](9m) 정도 되어
보였다.

또 사람들이 많이 모여 있어 무슨 일인가 하고 쳐다보니, 목칼을 채운
사람이 수십 명 왔다. 테이지로가 필담으로, 「목칼을 채운 사람들은 어
떤 사람인가요?」라고 물었다. 중국인이 글로 써서, 「이 사람들은 죄인
이다. 중죄를 지은 자는 감옥에 하옥시키고, 가벼운 죄인은 이렇게 목칼
을 채우는데, 일본에서는 어떻게 하는가? 가르쳐 주시오」라고 말했다.
이에 대답하기를, 「일본에서 죄인은 모두 감옥에 하옥시켜서 자유로이
할 수 없게 합니다」라고 말했다.

한편 양저우[揚州]는 성곽【정선지丁仙芝의 시문 중에서, 이른바 「수목이 양저우역
으로 뻗어나가고, 산들은 룬저우성[潤州城]으로 이어진다」라고 노래 불렀던 룬저우성이
바로 이 성곽이다】이 180여 리里【일본 이수로는 30리이다[15]】나 계속 이어지는
곳이었다. 내가 필담으로, 「양저우에는 장관[官長]이 몇 사람 있습니까」라
고 질문하자, 중국인이 웃으면서 다음과 같이 대답하였다.

---

15 일본 이수 30리는 120km이다.

천조 황제의 문관은

-4명의 재상[四宰相], 홍옥紅玉

-6명의 상서[六尚書] 병兵·리吏·형刑·공工·호戶·례禮, 면冕

-9명의 경[九卿], 홍옥紅玉

- 한림翰林　　　　　-총독総督, 홍옥紅玉　　　　-무원撫院, 홍옥紅玉

- 효원孝院, 수정水晶　- 주고主考　　　　　　- 포정佈政

- 안찰按察　　　- 순도巡道　　　- 지부知府　　　- 지현知縣

무관은

-구문제독九門提督　　- 제독提督, 장군제독將軍提督

-4명의 총병総兵四　　- 부총副総　　　　- 참장参將

- 유길由吉　　　　- 수수守□脩　　　- 간총干総

- 파총把総　　　　- 외위外位　　　　- 수재秀才

　관모官帽에 붙이는 항옥項玉은 홍옥, 수정옥, 금옥金玉, 동옥銅玉, 산호옥珊瑚玉 등으로 서로 다르며, 똑같은 홍옥이라도 신분의 귀천에 따라서 차별이 있다고 하였다.

　그곳에 각자 상륙하여, 여기저기 둘러보며 견학했다. 어떤 노인 한 사람이 내 손을 잡아끌면서 가리켰는데, 구경하러 가야만 한다는 뜻이었다. 그리하여 즉시 젠스케와 테이지로는 함께 누선으로 갔다. 조금 있으니 부인이 술을 가지고 와서 대접해주었으므로, 「이들이 누구냐」고 물었더니 모두 기녀라고 하였다. 붓으로 글을 써서, 「기녀의 가격은 얼마입니까」라고 물어보았다. 그 노인이 손짓으로, 「서양 돈으로 1냥[洋銀一両]

【日本銀으로 7몬메 2푼】이라고 대답했다. 「당신들 돈이 있느냐」라고 그가 물었으므로, 우리가 「없다」라고 대답하며 머리를 옆으로 흔들자, 기녀들이 많이 모여들었다. 말이 통하지는 않았으나, 여러 가지로 조롱하는 것처럼 보였다.

밤이 되기 전에 관리[役人]가 와서 우리 숫자를 확인하고, 성 아래 골목길로 데리고 갔다. 반 리里 정도 가서, 대교大橋를 지나니 성문에 도착했다. '평먼[枰門]'이라고 쓰인 편액이 있었다.

다시 1정丁(100m) 정도 지나가자 큰 문들이 있었는데 모두 철제문이었다. 그 반대편으로 매우 활기가 넘치고 떠들썩한 시가지가 보였다. 오른쪽 골목길[橫小路]로 들어가, 어느 유력자 집[豪家] 뒷골목을 지나서 다시 10정丁(1km) 정도 지나서 시내에 도착하였다. 도로의 좌우편 가게에는 등불이 걸려 있었는데, 사람들의 왕래가 매우 많았다.

또 3정丁(300m) 정도 지나서 큰 관청[官所]으로 들어갔다. 이윽고 관리[役人] 다섯 명이 등불을 들고 와, 우리 인원 수를 확인한 다음 관청 문을 나가, 상점에서 다이마쓰[明松][16]를 샀다. 우리 앞뒤로 엄중하게 호위하여 시가지 서쪽으로 반 리里(2km) 정도 지나가, 또다시 큰 하천으로 나갔다. 그러자 관리[官人]가 등불 5개를 강변에 걸고는 기다리고 있다가, 우리를 세 척의 누선에 나누어 타게 했다. 그곳에서 식사를 마치고, 한밤중에 선박을 출발시켰다.

10월 10일 맑음. 큰 강 입구에 도착하였다. 강폭은 대략 2리里【일본 이수

---

16 손으로 가지고 다니도록 불을 부친 나뭇조각 등을 말한다.

이다】였다.[17] 짙은 안개가 내린 강 건너편으로 작은 섬이 하나 보였다. 또 모래섬 삼각주에 복어들이 많이 헤엄치며 뛰어오르고 있었다. 강가 좌우편에는 찻집들이 보였으며, 민가는 겨우 사십 여 채밖에 보이지 않았다. 이윽고 이상한 모양의 평저선[平船]이 세 척 다가와 우리가 탑승한 선박을 그 평저선 오른쪽에 붙여서 나란히 달려갔다. 이것은 나룻배로서 이곳 주변에서는 매우 많이 보였다.

작은 섬으로 점차 가까워졌는데, 그 섬은 둘레가 반 리里(2km) 정도밖에 되지 않았으며, 높이는 거의 5정丁(500m) 정도 되었다. 그 섬에 붉은색 누각이 하나 세워져 있고, 산 위로 탑이 하나 세워져 있었다. 또 암벽 위로는 홍송 및 녹나무 등으로 우거져 있었다. 모래톱 삼각주에는 절[山門]이 하나 있었는데, 편액이 금색 바탕에 감색글자로 쓰여 있었던 것 같

그림 ⑰

---

17 일본 이수로는 8km이다.

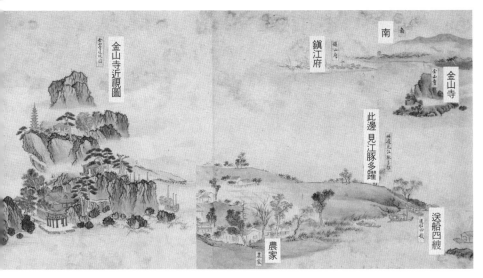

위의 그림은 원본에서는 10월 13일 앞에 위치해 있지만, 그림 내용이 10월 10일 금산사이므로 이에 위치시켰다.

은데, 10칸[間](18m) 남짓 떨어져 있었으므로 글지는 획실히 알 수 없었다. 이 절에 관해 물어보니, 양쯔강의 금산사金山寺[18]라고 하였다. 너무 멋진 절경으로 마치 한 폭의 그림을 그린 것 같았다. 이 섬 오른쪽 옆으로 통과하여 반 리里(2km)쯤 가니 앞에서 언급했던 그 건너편 땅에 도착했으므로 작은 강으로 들어가, 큰 다리 밑에 배를 정박시켰다.

또 동쪽에 성곽이 보였으므로 필담으로, 「이곳 지명은 무엇입니까? 또 양저우로부터는 거리가 얼마나 떨어져 있습니까」라고 물어보자, 중국인이, 「이곳은 전장현[鎭江縣]이라[19] 불리며, 양저우에서 50리 정도 떨어진

---

18 금산사(金山寺)는 중국 장쑤성 진강의 서북, 창강[長江]을 굽어보는 금산에 있다. 당·송(唐宋) 이래의 명찰로서 택심사, 용유사, 강천사 등으로 개명되었으나 일찍부터 금산사로 이름이 알려졌으며 명승절경으로 유명하다. 사찰의 여러 건축물들은 근대에 중건했으나 절 뒤의 가장 높은 곳에 서 있는 팔각칠층의 전심목첨(벽돌내축에 나무추녀)의 탑(⇒전탑)은 높이가 약 45m이다. 벽돌축조 부분은 남송(南宋) 무렵의 것이며 바깥둘레의 목조부분이나 지붕은 후대에 중수한 것이다. 대웅보전(大雄寶殿) 후방의 장경루(藏經樓)는 명대의 건축이다.

곳에 있습니다【일본 이수로는 6리 남짓 된다】라고 대답하였다.

이곳은 채색 도자기를 만드는 집이 많았으므로 상륙해서 구경하였다. 어느 한 가게에 들어가 가격을 물어보니, 고급 도자기의 '나라차 다완[奈良茶碗]' 열 개가 250전이라고 손짓으로 말했다. 이어서 여러 도자기의 가격도 물어보니, 저렴한 것도 가격이 일본의 열 배나 되었다. 모두 난징[南京]에서 그림을 그려 넣은 것[染付]20이었다. 그리고 그 가게 주인이 술 한 잔을 주었는데, 중국에 와서 이렇게 맛있는 술을 마셔보기는 처음이었다. 젠스케 및 그 이외의 사람들에게도 주어 나누어 마셨다.

이윽고 관리[役人]가 나를 불렀다. 관리[官人] 대여섯 명이 와서 우리를 배에 승선시키고 인원수를 확인한 다음, 7각(오후 4시)경에 배가 출발했다. 관리[役人]가 필담으로,「이곳을 떠나 단양현[丹陽縣]21으로 가는데, 뱃길로 90리 정도 떨어져 있다」라고 설명하였다.

10월 11일 비. 순풍을 타고 밤낮으로 배를 달려서, 아침 4각(오전 10시)경 단양현[丹陽縣]의 어느 외진 마을 묘당[堂] 앞에 배를 정박했다. 관리[役人]와 함께 나란히 찻집에 들어가니, 기름으로 튀긴 보리떡을 주었다. 이것을 먹었는데, 속에 들어 있는 채소로 만든 소가 악취가 나서 도저히 먹을 수가 없어 땅에 뱉어 버렸다. 그러자 관리[役人]가 매우 심하게 질책했다.

그곳에서부터 다시 배에 돌아와 보니 관리[役人]가 열 명 정도 와, 선장에게 돈을 주어 쌀이나 채소 등을 사고 있었다. 8각(오후 2시)경에 겨우

---

19 중국 장쑤성[江蘇省] 양쯔강 하류 남안에 있는 항구[河港] 도시이다.
20 백자에 코발트 유약으로 글자나 화초, 덩굴무늬 같은 것을 그려 넣는 자기 제작기법으로 중국 원대에 유행하였다.
21 장쑤성[江蘇省] 남부에 있는 현이다.

배를 출발할 수 있었다. 강변에는 대형 선박 수십 척을 만들고 있는 것이 보였는데, 목재 등이 매우 많이 놓여 있었다【목재는 모두 편백나무 같았다】. 우리가, 「여기서부터 어디로 가는 것입니까」라고 물어보자, 관리[役시가 필담으로, 「창저우[常州]로²² 간다. 거기까지는 뱃길로 90리 거리이다」라 대답하였다.

10월 12일 맑음. 5각(오전 8시)경, 창저우[常州]로 입항했다. 성 뒤편 한적한 곳에 배를 정박하였다. 한참 있으니 창저우 관리[官役] 다섯 명이 와서 우리 숫자를 헤아린 다음 접수하였다. 그리하여 이곳까지 호송해 온 전장현[鎭江縣] 관리[役시들과 서로서로 손을 맞잡고 이별하였다. 조금 있으니 중국인들이 여느 때처럼 음식물 등을 사, 8각(오후 2시)경 배를 출발시켰다. 강기슭 좌우는 돌담이었는데, 말뚝들이 모두 제멋대로 박혀 있었다. 저 멀리 보이는 갈대평원[芦原] 곳곳에 어부들이 낚시를 하고 있었고, 육지에 드문드문 보이는 민가들이 매우 아름답고 평온하며 목가적인 풍경이었다.

10월 13일 맑음. 5각(오전 8시)경, 배가 역정[驛亭]²³에 도착했다. 그곳에서 내가 필담으로, 「이곳 지명은 무엇이며, 또 창저우[常州]로부터 얼마나 떨어져 있습니까」라고 물어보니, 관리[役시가 글로 답하기를, 「창저우[常州]로부터는 90리 떨어져 있으며, 이곳은 우시현[無錫縣]이라²⁴ 부른다」라

---

22 장쑤성[江蘇省] 양쯔강(揚子江) 남쪽에 있는 도시를 말한다.
23 역참 또는 역참의 주막을 말한다.
24 우시현은 중국 장쑤성 남부의 상공업도시로서, 타이호[太湖] 북안(北岸)에 있는 교통의 요지이자, 미곡·생사 등의 집산지이다.

고 말했다.

이윽고 조금 있으니 우시현의 관리[官役]가 와서, 우리 인원수를 확인한 다음 접수하였다. 필담으로, 「여기서부터 쑤저우[蘇州]²⁵까지는 80리里이다【전장[鎭江]에서 이곳에 도착할 때까지 관청[官所]으로 들어가지 않고 모두 관리들 간의 인수인계였다】」라고 대답했다.

한편 배를 출발시켜, 7각(오후 4시)경에 어떤 마을의 번화가에 도착해 한동안 선박을 정박시켰는데, 특이한 곳이었다. 어떤 부잣집의 뒷문이라 보이는데, 그 뒷문은 길이가 약 2정T(200m 여) 남짓 되는 나무로 만들어져 바탕에 검은 먹물로 색칠한 다음 그 위에 다시 빈틈없이 붉은색 나비가 빼곡히 그려져 있었다. 또 커다란 소나무가 두 그루 있었는데, 가슴 쪽이 하얀 새들이 많이 서식하고 있었다【일본의 까치였다】.

얼마 안 있어 배가 민가를 떠나서 끝없이 펼쳐진 넓디넓은 광야를 바라보며, 서풍을 받으며 달려, 어둑어둑할 무렵, 성 아래 관문[關所]이라

---

25 쑤저우는 중국 장쑤성 남동부에 있는 옛 대도시[城市]로서, 부근에는 타이호, 양징호 등 크고 작은 호수들이 있어 근교의 벼농사와 상공업 및 수운의 교통으로 번영했다.

생각되는 곳에 배가 도착하였다. 강 한가운데에 좌우 3칸[間](5.4m)쯤 되는 토담을 만들고 거기에 배다리를 걸어서 한쪽으로 눌림돌로 이것을 매어 두고, 왼쪽으로 큰 등불 다섯 개를 걸어 두었다. 관리[官]시는 누각 안에서 근무하고 있는 모양이었다. 배다리는 길이가 5칸[間](9m), 폭이 2칸[間](3.6m) 남짓 되어 보였다. 관리[役]시가 그 관문지기[關守] 있는 곳으로 우리를 데리고 가, 무릎을 꿇고 앉아 보고했다. 조금 있으니 관리[役]시 두 명이 와서, 선내를 조사하고 눌림 돌을 풀자 배다리가 한쪽으로 밀려 가 배가 통과할 수 있었다.

이 마을을 벗어나 육지를 따라 배를 끌고 가자, 수십 척의 누선樓船이 맞은편에서부터 접근하여 우리 배와 충돌하고 말았다. 우리 배의 선장 세 명이 크게 화를 내며 상호 간에 서로 일여덟 명이 맞붙어 격심하게 논쟁을 벌이게 되자, 우리 측에서도 두 명이 나서서 지원하였다. 그러자 상대편 중국인이 우리에게 아주 정중하게 사과하고 절을 하며 떠나갔다.

이 관문에서부터 5~6정丁(500~600m) 정도 지나자, 좌우가 돌담 축대로 보이는 곳이 반 리里(2km) 남짓 계속되었다. 또 곳곳에 안경 다리[目鏡橋]가 걸려 있었다. 휘영청 달이 환하게 뜬 밝고 맑은 밤으로, 경치가 너무너무 좋았다. (내가) 손짓으로 「좀 전에 왜 배를 조사했냐」고 물어보았더니, 중국인이 필담으로, 「쑤저우[蘇州] 군대와 관리가 관문지기[關守]를 하고 있는데, 상선商船에 무기를 소지한 자가 있으면 체포하기 위해서이다」라고 대답했다. 일반적으로 해적 선박은 바다에만 있다고 생각했으나, 하천 내에도 많다는 것이었다. 또 강 속에 죽은 사람들 사체가 많이 떠내려가고 있었는데, 그 정확한 숫자는 잘 알 수 없었다.

10월 14일 맑음. 새벽 미명에 성곽이 보였다. 붓으로 글로 쓰기를, 「저 성곽은 무엇이라 불리는 곳에 있는 것인가」라고 물었더니, 관리[役人]가 「쑤저우성[蘇城]」이라고 썼다. 성곽 주위는 13리里(52km) 남짓 된다고 하였다【일본 리수이다】. 이곳의 강은 세 방향으로 나뉘어 흘렀는데, 그 좌우로 민가가 10정丁(1km여) 남짓 계속 이어졌다. 또 동서 방향으로 다소 높은 산이 있었으며 누각들이 줄지어 늘어서 있었다. 산 중앙에 탑이 하나 있었는데, 중국인이 붓으로, 「이것은 한산사寒山寺[26]이다」라고 썼다. 정말로 아름답기 그지없는 명승 절경이었다.

거기서부터 쑤저우[蘇州] 성내 시가지에 도착하였다. 하천 폭은 20칸[間](약 36m) 정도이며, 민가들이 강 상류까지 이어져 있었다. 석교石橋를 세 개 정도 지나가니, 특이한 모양의 큰 돌문[石門]이 있었는데, 이곳에 배를 정박시켰다. 도로에 돌이 깔렸었는데 그곳으로 상륙해 가 보니, 어떤 사람이 상자를 놓고 불을 피워 단팥죽[汁粉餠]을 팔고 있었다. 가까이 다가가 한 그릇을 사자, 그 안에 찹쌀가루 떡[27]이 들어 있었다. 백설탕으로 양념이 되어 있었다. 가격을 물어보니 6전이라고 하였다. 이것은 우리 일본에서 보는 것과 똑같았다. 귀국했을 때 신기한 여행 체험담의 이야깃거리로, 모두 이 단팥죽을 한 그릇씩 사 먹었다. 점차 구경꾼들이 모여들어, 과자 등을 가져다주었다.

조금 있으니 관리[役人] 수십 명이 와서 시내를 반 리里(2km) 정도 함께 구경하면서 지나갔는데 그 광활하고 번화한 모습에 우리 모두 눈이 휘

---

26 한산사는 중국 장쑤성 쑤저우 서쪽 외곽에 있는 사찰로서 약 1,400여 년의 역사를 가진 명승 고찰이다.
27 간자라시[寒晒し]는 겨울에 물에 불렸다가 그늘에 말리어 빻은 찹쌀가루이다.

둥그레져 깜짝 놀랄 뿐이었다. 잠시 관청[官所]에 가 머물렀으나, 이 문 앞에 죄인들이 많이 있었다. 또 촌락 한가운데를 1리里(4km) 정도 지나 가자, 선사禪寺가 하나 나왔다. 담이 흰 벽으로 된 기와집이었다. 포석布石 길을 5칸[間](9m) 정도 지나가니, 그 옆으로 13층짜리 탑이 하나 있었다. 절[山門] 편액이 금색 바탕에 검은 먹물로 '서광사瑞光寺'[28]라고 쓰여 있었 는데, 기둥은 모두 붉은색으로 칠해져 있었다.

　그곳에서부터 다시 포석 길을 3칸[間](5.4m) 남짓 걸어가니, 누각이 보 었다. 사빙이 5칸[間](9m) 정도 되는 서대한 금부저가 삼손三尊(3기) 안치되

---

28 서광사(瑞光寺) 탑은 일반적으로 루이광 탑이라 불리우며 쑤저우우성 서남 판면[蟠門, 江蘇省蘇州 市姑蘇区東大街49号]에 위치하는 13층 탑이다. 처음에 247년(東吳 시대) 손권(孫權)에 의해 창 건되어, 송대 대중상부(大中祥符) 연간(1008~1016년)에 중건되었다. 1988년 중국 중점 문물 보호단위로 지정되었다.

어 있었으며, 그 이외에도 아름다운 색채의 불상들이 많이 보였다. 누각 아래, 아름다운 돌담[石垣] 좌우로 승방[僧坊]이 배치되어 있었는데 그 사이사이로 버드나무가 심겨 있었다. 또 그 옆으로는 난을 심은 작은 화분들이 있었으며, 금붕어들도 키우고 있었다. 그 뒤쪽으로 3~4칸[間](5.4~7.2m) 정도 되는 어두컴컴한 복도를 조금 지나니, 4죠 반[四畳半] 정도 크기의 방이 있었다. 정면에는 탁자가 놓여 있었는데 그 위에 불상을 두고, '고월조선심孤月照禪心'이라고 쓰인 액자가 걸려 있었다. 누각 위에는 항상 여러 명의 선비[諸生]들이 대여섯 명 모여 독서를 하고 있었다.

그리하여 관리[官史] 6~7명을 거느리고 와, 즉시 침대를 만들어 주었다. 또한, 의자를 많이 가져와서 식사하게 해주었다. 요리 메뉴는, 큰 사발 그릇 중앙에 삶은 돼지고기를 담고, 큰 주발 3개에는 양고기, 닭고기, 달걀을 이용한 요리가 나왔다. 작은 접시 5개에는 채소 절임 등이 들어 있었다. 아침은 죽이었으며, 식사는 하루에 두 번 나왔다. 관리[官役] 네 명과 심부름을 하는 하인[下役] 두 명이 항상 대기하고 있다가 우리 곁에서 시중을 들어 주었다. 한동안 이곳에서 체재하는 모양이었다. 관리[官史]가 나를 불러, 「당신 이름이 무엇인가」 하고 물었다. 내가, 「모리야마 테이지로[森山貞次郎]」라고 썼더니, 웃으면서 바로 그 종이를 가지고 나갔다.

10월 15일 맑음. 서광사瑞光寺 근방은 거의 대부분 직물 가게들이었다. 구경을 나가 보니, 직물 짜는 모습은 일본과 거의 똑같았다. (실을) 잣는 사람은 모두 여자들이고, 직물을 짜는 사람은 모두 남자였다.

8각(오후 2시)경, 나이가 마흔 살 정도 되는 사람이 와서【학교 선생이라는 사실을 나중에 들었음】, 묵적墨跡을29 두 장 정도 주었다. (그 사람 집) 2층으로 올라가 보니 서적들이 산처럼 쌓여 있었는데, 그중에서『초백암시평初白菴詩評』세 권과『춘추좌씨전春秋左氏伝』하나를 선물로 받았다. 내가 소지한 칼과 예복을 보여 달라는 손짓을 하였다. 그리하여 와키자시[脇差]³⁰와 예복 가미시모[裃]³¹를 보여주자, 「당신이 직접 입고 보여 달라」는 손짓을 하였으므로 예복을 입고 앉자, 모두가 「멋있어, 멋있다」라고 말하였다. 그 학교 선생님은 이 물건(와키자시와 가미시모)을 빌려달라고 하여 가지고 갔다. 저녁 무렵, 과자 한 보따리를 가지고 빌려갔던 물건들도 돌려주었다.

10월 16일 흐림. 나이가 쉰 살 정도 된 관리[官人]가 일여덟 명을 거느리고 왔는데, 모자에 수정 옥을 달고 검은색 공단 허리띠에, 의복 가슴 부분에 선학(신선과 학)이 자수 놓인 의상을 입고 있었다. 필담으로, 「반출된 64개 쌀 꾸러미 바깥 포장을 제외한 내용물의 중량이 얼마나 되는가」라고 물었다. 이에 내가, 「원래 일본의 중량으로 쌀 한 꾸러미는 서 말이다」라고 대답했다.

또 필담으로, 「이미 잠긴 원래 선박 키의 길이는 몇 길[丈]이 되느냐」라고 물었으므로, 대답하기를, 「20발[尋] 3자[尺]」³²라고 썼다. 또 「선박의 폭은 얼마나 되느냐」라고 물었으므로, 대답하기를, 「7발[尋]」³³이라고 썼다. 또 이어서, 「쌀 한 말 가격은 얼마나 되느냐」라고 물었으므로, 이에

---

29 종이에 먹으로 글씨나 그림을 그려서 남긴 필적을 말한다.
30 허리에 차는 작은 칼을 말한다.
31 에도(江戸) 시대 무사의 예복 차림이다.
32 1발은 6자, 1자는 30.3cm이므로 20발 3자는 모두 123자이고 37.269m로서 약 37m이다.
33 7발은 약 13m이다.

대답하기를, 「일본에는 쌀 한 말 가격은 700문이다」라고 썼다. 또 「800
근斤34 되는 철제 닻[鉄錨]의 가격은 얼마나 되느냐」라고 물었으므로, 대답
하기를, 「60천문六十千文【일본의 60관문임】」이라고 썼다. 그러자 이 필담한
종이를 버선[襪] 안에 넣어서 즉시 돌아갔다.

10월 17일 비. 관리[官人]가 나를 누각 위로 불렀다. 가 보니, 관리[官人]
가 의자에 기대앉아 '안문案文'이라는 글자가 적힌 종이를 한 장 꺼내어
나에게 기록해야 한다는 손짓을 하였다. 그리하여 내가 필담으로, 「현재
화물들이 하이먼[海門]에 있으므로, 청하옵건대 가능한 빠른 시일 내로
은화로 환산하여 주시고, 하루라도 빨리 본국으로 돌려보내 주십시오.
모리야마 테이지로」라고 썼다.
　관리[官人]가 또 필담으로, 「부탁하오니 여러분 각자, 즉 26명의 이름
을 써주십시오」라고 하였다. 그리하여 26명의 이름을 써주자, 이름이
적힌 종이 두 장을 버선[襪] 속에 넣고 돌아갔다. 이 관리[官人]는 하이먼[海
門] 지역의 지사나리[大老爺]라고 나중에 들어서 알게 되었다.

10월 18일 비. 근처에 사는 유력자 집[豪家]으로 관리[役人]와 함께 놀러
갔는데, 깨끗한 방으로 들어가자, 차를 내오고 만두 등을 가지고 왔다.
조금 있으니 한 사람이 벼루를 가지고 나오자, 그 집 주인이 필담으로,
「류큐인이 푸젠[福建]에 상주하고 있는데, 매년 이곳으로 와서 생사 무역
을 많이 하고 있다. 당신은 알고 있는가」라고 물었다. 내가 대답하기를,

---

34 1근은 600g이므로 800근은 480,000g으로서, 즉 480kg이다.

「나는 류큐인을 알지 못합니다」라고 말했다.

또 필담으로, 「당신은 이곳에 몇 번 왔는가」라고 물었으므로, 이에 「일본인이 이곳에 온 적이 있습니까」라고 썼다. 또 그가 말하기를 「일본인은 이곳에 온 적이 없다」라고 하였으므로, 내가 「왜 오지 않았을까요」라고 썼다.

이어서 필담으로 그가, 「당신은 본래 류큐인이면서 왜 무엇 때문에 류큐인이라는 것을 은폐하는가」라고 물었다. 이에, 「나는 은폐하고 있지 않다. 정말로 류큐를 모른다」라고 대답했다.

또 그가 필담으로 「열국이 친목하여 산물을 서로 통상하니, 당신들도 좋고 청국도 좋으며, 서로 쌍방 간에 이익을 얻는다. 바라옵건대 다시 이곳으로 와서, 마땅히 보물을 얻어 가십시오」라고 쓰여 있었다. 사람들이 점점 더 많이 몰려와 소란스러웠기 때문에, 숙소의 사찰로 돌아왔다.

10월 19일 흐림. 예순 살 정도 되는 사람이 찾아와 손짓으로 말하길, 「나는 일본에 세 번이나 갔었다. 사쓰마[薩摩] 지역의 야쿠시마[屋久島]까지 갔으므로 잘 알고 있다」. 영주님[사쓰마번주, 薩摩藩主] 이름과 십자가[十文字] 모양의 가문 문양[35] 등을 써서 보여주었다. 또 「중국인은 모두 류큐를 일본인이라 부른다」고 말하며 크게 웃었다.

10월 20일 비. 나이가 서른 살 남짓 되는 사람이 찾아와, 나에게 『경신록敬信錄』한 권을 주었다. 이에 감사하며 받았다. 이 사람은 약국 주인이

---

35 원 안에 십(十)이란 글자가 있는 문양이다.

라고 하였다.

그리고 종이를 꺼내어 약 가격에 관해 물어보았다. 참인삼[實人參 【本人參】] 1몬메[匁]36 가격이 36관문貫文, 계피[肉桂] 가격은 1몬메[匁]에 50관문, 용뇌龍腦는 1근斤37 가격이 3관문에서 15관문이라 하였다. 참용뇌[實龍腦]는 류큐나 일본에는 아직 유입되지 않았으므로, 대개 장뇌[樟腦, 편뇌]였다. 비단 실[虫糸]의 가격은 1근에 4관문이었다. 소목[紫蘇] 가격은 3근에 100문이었다. 얼음설탕 가격은 1근에 60문이었다. 백설탕은 1근에 40문 정도였다. 흑설탕은 없고 모두 결정이 굵은 설탕38이며, 4~5근에 100문이었다. 정향[丁子](향신료의 일종) 가격은 1근에 2관 500문부터 3관문 정도 가격이었으며, 감초39 가격은 2근에 100문이었다. 계피桂皮도 감초 가격과 똑같았다. 붉은색 가루[粉朱]의 안료顏料 가격은 1근에 400~500문에서 부터 1관 400~500문까지 하였다. 완사椀砂 가격은 1근에 400~500문이었다. 별갑[鼈]40 가격은 8관문에서부터 15관문까지 하였다. 대모玳瑁41는 오랑캐국 생산품으로서 가격이 일정하지 않았다. 설탕류는 푸젠[福建]이나 타이완[台湾]에서부터 유입되어 오기 때문에 가격이 비싸다고 말하였다.

또 의복가게에 가서 옷감[端物] 가격을 물어보았다. 필담으로 「목면 천으로 만든 신발 가격은 450문, 목면 천으로 만든 버선[襪] 가격은 360문,

---

36 1몬메[匁] 무게는 약 3.75g이다.
37 1근(斤)의 무게는 600g이다.
38 알갱이가 굵은 설탕[散砂糖]은 당도가 높은 고순도의 사탕으로 고급스러운 단맛이 나며, 결정이 크고 투명하여 천천히 녹는 것으로부터 과실주나 과자, 청량음료 등에 사용된다.
39 감초는 진정제 성분을 가진 생약(生藥)이다.
40 별갑은 거북의 등으로서, 약용·장식용으로 사용되었다.
41 등이 편갑으로 된 바다거북을 말한다.

명주로 만든 신발 가격은 840문이었다. 목면 천 1자[尺]⁴² 가격이 24문, 명주[綿紬] 1자의 가격은 100문, 명주 버선[紬襪] 가격은 850문, 목면 바지 가격은 2관문, 붉은 실[紅絳] 모자 가격은 2관 100문, 목면 소매 가격은 2관 200문(여자 옷), 목면 모자 가격은 56문, 목면 외투 가격은 2관 800문(여자 옷), 두꺼운 소형 비단 모자 가격은 210문, 붉은 비단치마는 가격이 6관문(여자 옷), 목면 블라우스 가격은 420문, 붉은 명주 치마 가격은 10관 500문(여자 옷), 목면 바지 가격은 360문, 목면 치마 가격은 560문(여자 옷), 목면 장삼長衫 가격은 150문, 서시西紗 장삼 가격은 4관 문, 비단[見紬, 絹綢] 장삼 가격은 2관 800문, 아사 모기장 가격은 2관 800문, 비단[見紬, 絹綢] 솜옷 가격은 2관 400문, 아사 블라우스 가격은 480문, 목면 마고자 가격은 2관 200문, 목면 말 갑옷 가격은 700문, 비단[絹綢] 마고자 가격은 4관 800문, 목면 외투 가격은 2,200문, 무늬있는 비단 마고자 가격은 4,600문, 목면 소피木綿小皮 마고자 가격은 5,600문, 진흙색[小泥] 마고자 가격은 8관문, 비단 소피[絹綢小皮] 마고자 가격은 10관문, 새 깃털 마고자 가격은 2관 400문, 비단 소피[絹紗 小皮] 솜옷 가격은 24관문, 명주[鵝登紬] 마고자 가격은 1관 800문이었다.

「도로는 36공工이 1리里이고, 1공工은 5자입니다. 청하옵건대 손님께서는 이곳의 의류들과 가격만 보고 정해 주시면, 물건을 배송해드리겠습니다. 여기서 보내면, 50일 후에는 집까지 도착하므로, 부모님이나 처자들도 안심하고 물건을 받을 수 있습니다. 빠른 시일 안에 일본국에 도착하오니 만사 안심입니다. 물론 당신들도 안심하십시오. 만약 국법

---

42 1자의 길이는 30.3cm이다.

대로 일본국 고향으로 귀국하는 날 물건들도 알맞은 시간에 도착할 것입니다」라고 옷집 가게에서 말했다. 모든 물건이 일본보다는 7할 정도 저렴하였다.

10월 21일 흐림. 관리[官시] 3명과 소관[小官] 10명이 와서, 누각 아래 넓은 방에 앉아 있었다. 조금 있으니 관리[役시]가 와서 우리 전원을 불러, 각자에게 은 4량【은 28몬메[匁] 8푼[分]임】씩 나누어 주었다. 또 테이지로에게는 특별히 162량을 더 주었다. 이것은 선장[船長]의 선박이 난파되어, 짐을 모두 버리게 되어 여러 가지로 불편하리라고 생각되어 은화를 더 주고 싶었으나 선례가 없는 일이므로, 그냥 함부로 주기도 어려웠다. 다행히 일본인으로부터 철제 닻[鐵猫]과 물에 젖은 미곡을 받았으므로, 거기에 합당한 가격을 계산하여 부여한 것이라고 말해주었다.

또 필담하기를, 「일본에는 은이 많다고 하니 혹시 달리 갖고 싶은 물건이 있으면, 시내에서 그것을 사서 줄 수도 있다」라고 말했다. 이에 대답하기를, 「물건을 사서 일본으로 귀국하면 처벌을 받는다. 이것은 일본에서 매우 엄격하게 금지하고 있다」라고 썼다. 모두 은을 받고 감사 인사를 드렸다. 테이지로에게 부여한 은 꾸러미에는, 「난민 모리야마 테이지로에게 주는 화물 교환 은화 162량」이라고 쓰여 있었다.

10월 22일 맑음. 관리[官]시가 와서 필담으로, 「이곳을 출발하여 우장현[吳江縣]43으로 갈 것이다. 수로로 36리[里] 거리이다【일본 이수로는 6리 남짓 된다】」라고 말했다. 그리고 식사를 하였는데, 조금 있으니 관리[役]시가 열명 정도 와 출발했다. 시내를 5정[丁](500m) 남짓 지나서, 큰 강가로 나가자

---

43 중국 장쑤성 쑤저우시[江蘇省蘇州市]에 위치한다.

누선이 준비되어 있었다. 그곳에서 사람 수를 나누어 배를 탔다. 그리고 기름으로 튀긴 떡을 담은 찬합을, 관리[官人]로부터 받았다.

8각(오후 2시)경, 배가 출발하여 큰 강 서쪽 커다란 안경다리[目鏡橋]에 도착하였다. 모두 가늘게 잘라서 잘 다듬은 푸른색 돌로 만들어져 있었는데, 다리 밑 세 군데가 구멍처럼 뚫려 있었다. 길이 2정[丁](200m) 남짓, 높이 5길[丈](15m) 남짓, 폭은 3칸[間](5.4m)이나 되었다. 필담으로, 「이 다리 이름이 무엇입니까」 하고 물으니, 관리[役人]가 「이것은 펑차오[楓橋]44라고 부른다」라고 대답하였다. 또 그 앞쪽에 부서진 안경다리[目鏡橋]가 있었다. 동서 양방향으로 모두 광활한 들판이 펼쳐졌는데, 멀리 바라보니 수백 마리 말들이 무리 지어 있었으므로 목장이라고 생각되었다.

7각(오후 4시)경, 우장현[吳江縣]으로 들어가 큰 다리 옆에 배를 멈추었다. 한참 있으니 관리[役人]가 3명 와서, 인수를 확인한 다음 우리를 접수했다. 우리를 호송해온 쑤저우 관리[官人]는 배에서 책을 읽고 있었다. 우리는 정중히 감사드리며 두 손을 맞잡아 절을 하고 작별 인사를 나눈 다음 헤어졌다. 조금 있으니 우장현의 관리[役人]가 담배 등을 가지고 와서 우리에게 주었다. 한참 있다가 저녁 무렵, 배를 출발시켰다.

10월 23일 흐림. 이른 아침, 핑왕현[平望縣]45이라 불리는 곳에 도착했다. 노정은 50리【里, 일본 이수로는 6리 남짓 됨】였다. 성곽이라고 부를 만한 것은 보이지 않았다. 드디어 관리[官役] 다섯 명이 와서 우리 인원수를 확인

---

44 펑차오는 장쑤성 쑤저우부[江蘇省蘇州府] 서쪽 7리 되는 곳에 있다. 산과 물이 있어 놀고 쉴만한 곳으로 남북에서 왕래하려면 반드시 이곳을 지나야 하는 교통 요지이다.

45 핑왕현[平望縣]은 장쑤성[江蘇省]에 속한다.

위의 그림은 원본에서는 10월 24일 뒤에 위치하였지만 그림 내용이 10월 23일에 부합하므로 이에 위치시켰다.

하고, 선장을 불러 뱃삯을 건넸다. 담배를 말은 종이를 가지고 와서 우리에게 나누어 주었다.

조금 있다가 배를 다시 출발시켰다. 촌락 안으로 반 리里 정도 지나서, 커다란 돌다리를 여러 개 통과했는데, 그곳에는 선박 왕래가 잦았다. 이미 마을을 떠나 논밭이 있는 곳을 지나 허푸[賀府]라 불리는 어느 마을에 배를 정박했다. 그곳에서 육지로 상륙하여 어느 찻집에 들어가자 한 중국인이 안쪽 방으로 초대했다. 가 보니 소주를 주어 마시게 했는데, 류큐의 술 아와모리[泡盛]와 맛이 똑같았다. 그로부터 열여섯 살 정도 되는 부인이 누각에서 내려오기에 손짓으로 「누구냐」고 물어보자, 중국인이 웃으면서 소주에 손가락을 적셔서 탁자 위에 기녀라고 썼다. 머리 위에는 보라색 천일홍 같은 꽃을 비녀처럼 꽂고 적갈색 비단옷을 입었으며 옷섶(옷자락)은 홍색 비단이었다. 예쁜 신발을 신고 있었다. 주인이라 생각되는 사람이 와서 차와 과자를 내왔다. 그 여자는 옆에 와서 여러 가

지로 장난을 걸었는데, 부끄럽지 않은 모양이었다.

　조금 있으니 갑옷을 입거나 혹은 총 등 무기를 몸에 지닌 수십 명이 지나갔으므로 서로 놀라서 무슨 일인가 하고 물어보니, 「병법 조련 연습 중」이라고 대답했다. 한 달에 세 번씩 들판으로 나가 연습하는데, 큰 지방은 지역마다 이 연습을 게을리하는 일이 없다고 대답했다.

　제 7각(오후 4시)경, 배를 출발시켜 떠났으나 갑자기 서풍이 강하게 불고 싸락눈이 날려 겨우 시수이역[西水驛]⁴⁶이라는 곳에 배를 정박시켰다. 그러나 밤새 내내 격렬한 비바람이 심하게 불다가, 밤이 밝아지면서부

---

46 저장성 자싱시[浙江省 嘉興市]에 시수이 비가 있음.

터 드디어 멈추었다. 드디어 배가 다시 출발하여, 넓어서 끝이 보이지 않는 큰 하천들이 사방으로 이어진 동쪽으로 달려갔다.

10월 24일 흐림. 수로로 60리里 가서, 스먼현[石門縣][47]이라 불리는 곳에 도착했다. 이 성은 최근 보수한 모양으로 깨끗하였다.

10월 25일 흐림. 왕스현[望濕縣]이란 작은 촌락을 지나서 높이가 3길 [丈](9m) 남짓 되는 돌다리로 갔다. 큰 하천이 동·서·남쪽 세 방향으로 나누어져 있었다. 서쪽 하천 기슭으로부터 하천 중앙에 10칸[間](18m)

---

47 저장성 퉁샹현 스먼진[浙江省 桐鄕縣 石門鎭]이다.

정도 돌출되도록 집을 지어, 그 아래쪽은 완전히 둥근 기둥으로 되어 있었는데, 높이가 1길[丈](약 3m) 남짓 되어 보였다. 정면의 기둥은 붉은색으로 칠해진 기와집이었으며, 그 앞에 많은 무기를 갖춰두고 있었다. 그 아래쪽으로 노를 저어 지나가자 한 사람이 나와서 야단을 쳤다. 관리[役]시가 일본인을 데리고 지나가고 있다고 해명하는 것 같았다. 그 북쪽에 큰 돌다리가 있었는데 바다로부터 왕래하는 크고 작은 선박들이 여러 척 정박되어 있었다. 동쪽 큰 하천을 5~6정丁(500~600m) 정도 가서, 석등石燈이 있는 곳에 도착해 배를 정박시켰다.

이곳은 특히 번화하여 사람들이 길가에 모여서 도박을 하고 있었다. 네거리마다 점쟁이, 혹은 원숭이 곡예, 팽이 돌리기[駒回し] 등등, 너무 많아서 모두 다 열거할 수 없다. 여기서부터 7~8정丁(700~800m) 지나 해자 같은 곳에 도착하니, 세 척의 배가 정박되어 있어, 이 배에 승선했다. 수심이 얕고 삼각주가 있었는데, 황금 대나무 숲이었다. 다시 더 이곳을 5정丁(500m) 정도 지나가니, 좌우로 녹나무[楠木] 같은 큰 나무들이 무성한 돌로 된 언덕에 도착하였다. 이 언덕을 3정丁(300m) 정도 다시 올라가자, 또다시 커다란 하천이 사방으로 연결되어, 크고 작은 배들이 무리를 지워 모여 있었다. 한편 우리가 탔던 세 척의 배가 육지 가까이로 접근하자, 나무 그늘에서 온면(따뜻한 국수) 등을 파는 사람이 있었으므로 모두 그곳에 가서 사 먹었다. 관리[役]시가 와서 국수 대금을 지불하여 주었다.

거기서 다시 배를 타고, 동쪽 강 안으로 들어가 민가 등을 5~6정丁(500~600m) 통과하여

【제3권에서 10월 25일 관련 내용이 그림과 함께 시작된다.】

『청국표류도』 하권

성문에 도착하여 보니 문 사방으로 쇠철이 박혀 있었다. 다시 8정丁(800m) 정도 성안으로 들어가니, 남쪽 시가지 중앙에 높이 5~6길[丈] (15~18m) 정도 되는 바위가 솟아 있었는데, 그 위에 다시 높이가 3길[丈](9m) 정도 되는 탑이 보였다. 또 그 좌우에 2층 가게들이 줄지어 늘어서 있었다. 5정丁(500m) 남짓까지 염색 집들이 즐비하게 늘어서 있었다.

거기서 시내를 1리里(4km) 정도 지나 14~15여 개 돌다리 밑을 빠져나오자, 누각으로부터 사람들이 모두 몰려 나와 「중산국中山國, 중산국中山國」이라 외치는 소리가 분명하게 들렸다. 그리하여 석교石橋 근처에 배를 정박했다. 여기까지 성곽 안으로 지나오기를 3리里(12km) 남짓 되었다. 또 구경꾼들이 많았기 때문에, 휴식을 취할 수가 없었다.

조금 시간이 지나자 관리[官役]가 18명 정도 와서 우리 인원수를 파악한 다음, 경호체제를 강화하여 엄호하는 가운데 시가지를 8정丁(800m) 남짓 지나갔다. 그 사이에 관청[官所]이 네 곳이나 있었다. 또 한림원翰林院이란 학교와 그 앞에 커다란 관청[官所] 건물이 있었다. 두 개의 대문을 통과하자, 깨끗한 방 하나에 의자를 배치해 앉게 하였다. 이윽고 두 사람이 시루떡[蒸し餅]을 내오고 요리들이 탁자에 배치되었다. 관리[官吏]가 와서 인사를 하고 향응접대를 해주었다.

저녁 무렵, 관청[官所]을 출발하여 전후로 등불을 밝혀 든 수십 명의 관리[役吏]들의 삼엄한 경호 속에 10정丁(1km) 정도 돌길【이 길 아래는 하천이고, 그 하천 위에 돌을 깔아서 길로 만들었다】로 된 작은 골목을 쭉 나아가니, 기묘한 형태의 세 가지 목소리가[1] 거리에 울려 퍼졌다. 그곳에서부터 큰

---

1 손님을 부르는 상점 점원의 세 가지 목소리로, '손님을 맞이하는 소리, 손님을 접대하는 소리, 손님을 환송하는 소리'를 일컫는다.

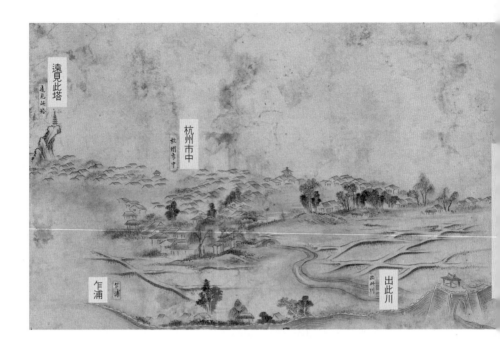

강에 도착하여, 돌길을 5칸[間](9m) 정도 지나서 건물 안으로 들어갔다. 정면에 황제의 위패가 놓여 있었으며, 그 위로 높이가 2길[丈](6m) 정도 되는 금부처 3존이 안치되어 있었다. 연이어 관리[官시]가 입장하여 관리 [役시]에게 침대를 만들도록 명령하였다. 야밤에 또 다시 이상한 소리가 들렸다. 이 날 밤에도 다섯 명의 관리[役시]가 곁에서 호위하였다.

10월 26일 비. 장관[官長] 한 사람이 관리[役시] 수십 명을 거느리고 왔다. 또 소관少官 네 명과 하관[下役] 두 명은 항상 근무하면서 급한 일에 대비하고 있는 것 같았다. 장관이 사찰 안으로 걸어 다니며 요리 할 곳을 만들도록 명령하여, 아침에는 차를 마시게 하고, 5각(오전 8시)경에는 된장에

절인 무로 만든 죽을 주었다. 9각(낮 12시)경, 식사가 나왔는데 달걀에 푸른 채소를 넣어 만든 덮밥[井] 요리를 비롯하여 다섯 개의 큰 사발 그릇에는 물고기, 양고기, 오리고기, 돼지고기 삶은 요리, 세 개의 작은 접시에는 채소 절임 등이 담겨 있었으며, 하루에 두 번씩 나왔다. 이 요리들이 식탁 위에 배치되면 소관[小官]들이 와서 요리를 점검하고, 부족한 것은 더 갖다 주었다. 매번 인사와 더불어 매우 정중하였으므로, 황송하였다.

10월 27일 흐림. 구경꾼들이 점차 늘어나 나중에는 사찰 당내에까지 밀치고 들어왔는데, 떡 등을 가져와 주는 자들이 많았다. 너무 떠들썩하고 소란스러워, 관리[官役]에게 손짓으로 불편함을 호소하였다. 이윽고 조금 있으니 무관武官으로 보이는 자가 두 명 정도 와서, 구경꾼들을 잠깐 물리쳤다. 그러나 관리[役人]에게 미리 알리고 오는 자도 또한 끊이지 않았다.

10월 28일 흐림. 수부[水主] 이마이즈미[今和泉][2] 출신의 젠자에몬[善左衛門]이 습독濕毒[3]의 고통으로 음경陰莖이 썩는 병으로 매우 고생하고 있었다. 이에 관리[役人]에게 알리자, 이윽고 의사 두 명이 와서 진맥하고 손으로 배를 만져서 진찰하였다. 그리고 버선[襪] 안에서 붉은 종이를 한 장 꺼내어 거기에 여러 종류 약제를 배합한 처방전을 적어 주었다. 약방에서 가루약으로 주문하여 와 약탕에 달여서 아픈 부위를 직접 씻게 하였다.

7각(오후 4시)경 관리[官人]가 와서, 병자 상태를 확인하고 나서 필담으로, 「다른 병자는 없는가」라고 물었으므로, 이에 「없습니다」라고 대답했다. 또 그가 묻기를, 「여러분은 모두 의복이 충분합니까」라고 하였으므로, 이에 대답하기를, 「의복은 하이먼[海門] 지사님으로부터 받아, 지금 충족합니다」라고 했다. 또 재차 묻기를, 「요 며칠 동안 점심은 충분했습니까?」라고 물었으므로, 이에 「현재 식사도 충분합니다. 감사합니다」라고 글로 써서 정중하게 감사 인사를 드리자, 관리[官人]들은 필담을 나눈 종이를 모아 웃으며 돌아갔다.

10월 29일 맑음. 시내 구경을 나가고 싶어 관리[役人]에게 손짓으로 말

---

2 이마이즈미는 가고시마현 사쓰마반도[鹿児島縣 薩摩半島] 남부 이부스키군[揖宿郡]에 속해 있는 촌락이다.
3 습기로 인해 생기는 몸 안의 독이다.

하자, 그가 화를 내며 머리를 옆으로 흔들며 허락하지 않았다. 9각(낮 12시)경, 관리[官人]가 오자 필담으로, 「우리 두 사람이 시내 구경을 가고 싶습니다」라고 부탁하자, 관리[官人]가 즉시 관리[役人]에게 명령을 내려, 동반해서 시내로 다녀오라는 의미였다. 그러므로 관리[官人]에게 정중하게 감사를 드렸다.

8각(오후 2시)경 테이지로 및 젠스케가 관리[役人]와 외출하였다. 수부[水主]들도 모두 우리 뒤를 따라왔다. 번화가를 3정[丁](300m) 남짓 지나서 어느 호화로운 유력자 집[豪家]으로 들어가니, 그 집 주인이 나와서 관리[役人]에게 인사하며 우리들을 초대하여 들어갔다. 상점의 구조는 높이 3자[尺](약 90cm) 정도 되는 난간이 바깥으로 3자[尺](약 90cm) 정도 돌출하였으며, 문살[組子]에 여러 가지 꽃 등이 조각되어 있었는데 꽃들은 오동나무 씨 기름[桐油]이 발라져 있었다. 상점 안에는 예닐곱 명이 있었는데, 수많은 목면 종류와 버선[襪] 등을 팔고 있었다. 또 안쪽으로 회전 판자 등이 놓여 있어 물건을 사는 사람들이 오면, 그 판자 위에 물건을 올려서 보여 주었으며 내부에 일절 사람을 들이지 않았다. 그 뒤쪽 벽에 선반이나 서랍장이 놓여 있었다.

그리고 주판[算盤]은 세로 5치[寸](15cm), 가로 1자 2~3치[1尺2~3寸](36~39cm) 크기로서 주판알 둘레는 5치[寸](15cm) 남짓 되었던 것 같다. 이윽고 술과 고기 등이 나와, 우리는 먹고 마셨다. 점차 사람들이 많이 몰려왔으므로, 주인에게 민폐를 끼칠 것 같다고 생각되어 감사 인사를 드리고 숙소로 돌아왔다.

11월 1일 흐림. 5각(오전 8시)경 아침 식사로 죽을 먹고, 식사가 끝나자 테이지로와 젠스케는 외출하여 큰 골동품 가게로 갔다. 관리[役시]와 주인의 안내로 가게 안으로 들어가 구경해 보니, 붉은색 옻칠[4] 화병이 두 개 있었다. 높이가 2자[尺](60cm) 정도 되며, 위쪽이 크고 아래쪽은 작으며 매우 섬세하게 화초가 조각된 특별 상품[際物][5]으로, 값은 은화 200몬메[匁]라는 가격표가 붙어 있었다. 또 조자앙趙子昻[6]의 행서가 쓰인 족자가 있었는데, 세로(높이) 1치 2푼[1寸2分](3.6cm) 정도 되는 하얀 비단에 12행 정도의 글자가 쓰여, 가격은 50관문貫文이었다. 또 세로(높이) 6자[尺](약 1.8m), 가로가 4자[尺](1.2m) 남짓 되는 비단에 봉황이 그려진, 매우 화려하고 휘황찬란한 여러 색채로 그려진 멋진 그림이 있었다. 무명 화가 그림으로 가격은 350몬메[匁]였다. 또한 세로가 2치[寸](6cm) 정도 되는 다섯 폭짜리 대형 족자에, 한자로 '동기창董其昌'이라는 낙관落款이 찍혀져 있었는데, 가격은 1관貫 500몬메[匁]였다. 그 외에도 희귀하고 진기한 물건들이 너무 많아, 특별히 어느 하나라고 꼽을 수 없을 만큼 많았다. 선반은 여러 층의 계단식으로 되어 있어, 그 아래에 담요를 깔고 물건마다 가격표가 붙여져 있었다.

그곳에서 다시 3정丁(300m) 정도 지나서 주석 세공하는 곳에 도착하자, 나이가 스무 살 정도 되는 남자가 우리 소매를 잡아끌고 어느 부잣집으로 데리고 갔다. 크기가 6죠[畳] 정도 되는 깨끗한 방으로 안내하여, 옛날 그림들을 많이 가지고 와서 보여 주었다. 「원하는 게 있으면 드리

4　주홍색 옻칠[堆朱]을 몇 번이고 거듭 칠하여 문양을 새긴 것으로 중국에서는 당·송 시대에 널리 제작되어 다른 나라로 전해졌다.
5　철에 따라 팔리는 계절 품으로, 일시적인 유행을 노린 작품을 말한다.
6　조자앙은 중국 원나라 초기의 문인·유학자·서화가로서, 이름은 맹부(孟頫), 자는 자앙(子昻), 호는 집현(集賢)으로, 저장성[浙江省] 출신이다.

그림 27

겠다」는 의미였으므로, 사양하지 않고 세 폭을 청하였다. 조금 있으니, 차와 과자를 가지고 나와 대접해주었다.

이에 관리[小官]를 향해 말하길 「내가 그림 세 폭을 얻었는데, 답례로 드릴 물건이 없다」라고 손짓으로 표시하니, 관리[役人]가 이 말을 듣고 「의복 한 벌을 주라」고 하였으므로 안감이 들어있는 기모노[袍]를 한 벌 가지고 와서, 주인에게 주었다. 주인이 너무 기뻐하면서 감사를 표하였다. 이윽고 숙소로 돌아가려 하자, 대나무 바구니에 얼음 사탕을 넣어서 숙소의 사찰까지 가져다주었다. 그로부터 시내를 1리里(4km) 정도 가서 구경하였는데 곳곳의 네 거리마다 점쟁이 또는 아이들 십여 명 정도가 모여서 허언虛言 놀이를 하고 있었다. 그 이외에 여러 가지 예능인들의 숫자를 이루 다 헤아릴 수가 없을 정도로 많았다. 또 번화가 1쵸메[一丁目]에 큰 돌문이 세워져 있었는데, 한밤 4각(오후 10시)경까지 상점들이 영업을 하느라 유리등이 걸려 있었다. 또 '성후이[勝会]【고깃집】'에 가서 식사를 주문해

여러 가지 맛있는 음식을 먹은 뒤, 한밤중에 숙소로 돌아왔다.

　11월 2일 흐림. 관리[役시의 안내로 절 뒷골목을 5~6정丁(500~600m) 정
도 지나, 민가를 약간 벗어나 강가 좌우로 버드나무가 매우 무성하게 자
란 곳에 이르니 커다란 누선이 6~7척 정박해 있었다. 관리[役시가 손짓으
로 저 배로 가라고 했다. 원하던 바이었으므로 바로 거룻배[7]를 불러서 탑
승했다.

　누선의 이 층 누각 위에 손님으로 보이는 세 사람이 타고 있었는데,
즐거운 모습이었다. 배 안에는 여러 가지 물건으로 장식되어 액자 등도
걸려 있었는데, 깨끗하고 화려한 좌석이 세 개 정도 있었다. 조금 있으
니 소주와 튀긴 안주 등이 나왔다. 기녀가 관리[役시에게 무엇인가 귓속
말로 속삭이자, 관리[役시가 머리를 옆으로 흔들었다. 그 이유는 알 수
없었으나, 다만 우리를 손으로 가리키며 크게 웃었다. 그로부터 월금月

7　거룻배[橋舟]는 배와 배 사이의 연락을 맡아 하는 작은 배를 말한다.

쟁,[8] 호궁胡弓,[9] 생笙,[10] 삼현三弦[11]을 함께 연주하면서 높은 곡조로 노래를 부르며, 한동안 흥에 겨웠다. 밤이 될 무렵, 숙소인 절로 돌아왔다.

11월 3일 맑음. 관리[役人]가 글로 쓰기를, 「오늘은 자싱현[嘉興縣][12]으로 간다」라고 했다. 오늘까지 7일 동안, (한림원 앞에 관청이 있었는데 황제 위패를 모신 사찰에) 체재했다. 관리[役人] 수십 명이 숙소의 사찰 앞으로 가마[轎] 스물여섯 대를 가져와, 손짓으로 타라고 했다. 사양했으나, 듣지 않았다.

이에 하는 수 없이 각자 가마를 타고 큰길로 나가, 서쪽으로 큰 돌문 두 개를 통과해 잠시 휴식을 취했다. 이곳에서 칼을 차고 갑옷을 입고

---

8 월금은 중국과 한국에서 연주되는 현악기로 중국의 악기는 둥근 울림통에 목이 짧지만, 한국 악기는 목이 긴 편이다.
9 호궁은 동양의 대표적인 찰 현악기로서, 중국은 호금, 한국에서는 해금이라 불렀다.
10 생은 아악에 쓰이는 국악기로 고대 중국에서 만들어져 유래한 관악기이다.
11 삼현은 몸체가 뱀 가죽으로 되어 있고 현이 세 개인 현악기이다.
12 중국 저장성 자싱시[浙工省 嘉興市]에 위치한 현으로 양쯔강 삼각주[長江 三角洲]를 일컫는다.

말에 탄 자들을 보았다. 이것도 군사훈련 연습 중이라고 했다. 매우 활발하고 떠들썩하였다. 그것이 마치자 '원문轅門'[13]이라 쓰인 편액이 걸려 있는 강가로 갔다. 한참 있으니 세 척의 누선이 가까이 다가왔으므로, 모두 이 배에 올라탔다. 이곳은 지난번에 지나왔던 강가였다. 그곳으로부터 6정丁(600m) 정도 지나가면 돌 언덕이 나올 터이다.[14] 고개 위쪽의 강과 이 큰 강이 같은 땅이라는 사실이 신기하다고 서로 논의를 벌였다. 그래서 관리[役시]에게 손짓으로 물어보았으나 의미가 통하지 않았다.

9각(오전 12시)경, 관리[官役] 5명이 함께 타고 배를 출발시켰다.

11월 4일 맑음. 선박 운행이 늦어져 자싱현[嘉興縣]에 도착하지 못했다. 밤 4각(오후 10시)경, 스먼현[石門縣][15]에 도착했다. '저장[浙江][16]으로부터 80리

---

13 군영(軍營)의 문을 일컫는다.
14 10월 25일 기록 세 번째 문단의 '이 배에 탑승했다. 수심이 얕고 삼각주가 있었는데, 황금 대나무 숲이었다. 다시 이곳을 5정 정도 지나가니 좌우로 녹나무 같은 큰 나무들이 무성한 돌 언덕에 도착하였다'라는 부분이다.
15 거리상으로 볼 때 중국 저장성 퉁샹현 스먼진[桐郷縣石門鎮]으로 유추된다.

里 거리'라고 하였다. 관리[役人]가 필담으로, 「동쪽 작은 하천으로 가면 자푸[乍甫]17라고 하는 곳에 도착할 것이다」라고 하였다. 조금 있으니 담배를 말은 종이[煙草紙]를 가져다 주었다. 그런데 스먼현에서부터 자푸까지 거리는 매우 가까웠다. 그럼에도 불구하고, 멀리 떨어진 저장[浙江]지역으로 돌아온 것은, 항저우[杭州] 지배이기 때문이라고 생각되었다.18 7각(오후 4시)경, 배가 다시 출발했다.

11월 5일 흐림. 새벽 미명에 자싱현[嘉興縣]에 도착했다. 스먼현을 떠나서 100리【일본 이수로는 16리 남짓 됨】였다. 이곳도 역시 큰 강이 사방으로 연결되어 흐르고 있었으며, 큰 선박이 수십 척 왕래하고 있었다. 5각(오전 8시)경, 육지로 상륙하여 찻집으로 갔다. 얼마 있으니 관리[役人]가 식사를 가져다 주었다. (식사가) 마치자, 성내로 가서 시내구경을 하였다.

'수정水晶'이라는 편액이 걸린 어느 곳에 가니 수많은 유리 그릇을 판매하는 상점이 있었다. 이곳에서 안경을 하나 샀는데, 가격은 32전錢이었다. 그리고 또 책방에 가서, 먹[墨] 두 개와 서책 하나를 받았다【서책은 아무런 주석이나 방점이 들어가 있지 않은 소본素本의 한문서적이었음】. 책장에 좀 더 가까이 다가가 보고 싶었으나, 구경꾼들이 많이 몰려와 우리들이 있을 자리가 없었다.

이곳을 나와 고깃집으로 가니, 관리[役人]가 국수【국수는 돼지고기가 들어

---

16 저장성은 중국 남동부의 동중국해 연안에 있는 성(省)으로서 성도는 항저우[杭州]이다.
17 저장성 자싱시[浙江省 嘉興市]와 핑후시[平湖市] 동남부에 위치한다.
18 저장성 스먼현에서 저장성 자푸까지는 매우 가까운 거리지만 저장성의 읍치가 항저우[杭州]이기 때문에 자푸로 바로 가지 않고, 스먼현에서 항저우를 들렀다가 가는 경로(스먼현 → 항저우 → 스먼현)를 설명하고 있다.

있었음]를 두 그릇씩 주었다. 또 관리[官人]가 행렬을 갖추어 징[銅鑼]을 울리며 왕래하였는데, 그 숫자를 다 헤아릴 수 없었다. 길이 좁아서 겨우 그곳을 빠져나와 배가 정박해 있는 곳으로 가니, 관리[役人]가 빨리 타라고 하였다. 그리하여 배에 타, 7각(오후 4시)경 배가 출발했으나, 서풍이 강했으므로 한밤중이 되어서야 핑후현[平湖縣]19에 도착할 수 있었다.

11월 6일 맑음. 이른 아침 모두 찻집으로 갔다. 그곳에서 대야에 뜨거운 물을 받아 발을 씻었다. 일본 말을 조금 아는 자가 한 사람 찾아 왔다. 손짓 등으로, 「지난번에 당신 나라(일본) 사람으로 타이완[台湾]에 표착한 13명이 올해 5월 푸젠[福建]으로부터 호송되어 자푸[乍浦]에 체재하였다. 자싱현[嘉興縣]으로부터 핑후현[平湖縣]까지 30리, 핑후[平湖]로부터 자푸[乍浦]까지 30리이다」라고 말했다. 조금 있으니 관리[官人]가 와서, 돼지고기를 많이 주었다.

4각(오전 10시)경, 배가 출발해 작은 강을 1리里(4km) 남짓 내려가자 동쪽으로 산들이 두 개 보였다. 관리[役人]에게 물어보니 자푸산[乍浦嶽]이라고 대답했다. 드디어 7각(오후 4시)경, 성내에 도착하여 배를 정박했다. 조금 있으니 한 명의 노인이 와서 배에 타고, 나가사키 방언으로 「어서 오시게」라고 말했다. 우리는 모두 기뻐하며 짐을 정리해 놓고 가 보니, 사람들이 말하는 것이 모두 일본말이었다.

또 2정丁(200m)쯤 떨어진 곳에 목재가 가득 쌓인 곳으로 갔다. 처음으로 큰 바다를 보았으며, 항구 입구로 왕래하는 상선商船들이 수만 척이나

---

19 저장성 자싱시[浙江省 嘉興市]에 속한다.

정박하고 있었다. 그곳에서 시내 누각 위로 올라가니, 일본인 열세 명이 뛰어 내려와 마치 친형제들을 만난 것처럼 서로서로 손을 맞잡고 매우 기뻐하였다. (그들과) 헤어져 2정(200m)쯤 다시 가서 시내 번화가 누각 위에 올라가니 다다미 같은 것을 가지고 와, 우리에게 앉을 자리를 마련해 주었다.

조금 있으니 관리[官시]가 와서, 술과 고기 등을 주면서 매우 과분한 대접을 해 주었다. 우리는 안심도 되고, 너무너무 즐겁기도 하여 여러 잔의 술을 마셨다. 그리고 또 누각 위에서부터 시내를 내려다보니, 일본에서 생산된 다시마[昆布], 해삼[海鼠], 또는 염색된 목면과 홀치기 천 등이 모두 점포 앞에 전시되어 있었다.

누각 아래에 요리하는 부엌을 만들어, 관리[官役] 한 명, 하역下役 다섯 명, 통역 한 명, 요리사 두 명 모두 합해서 총 9명이 항상 우리 곁에 머물면서 도와주었다. 식사는 큰 그릇에 담긴 삶은 고기 요리와 큰 사발 네 개에 담긴 오리·잉어·닭·생선 요리, 채소와 무를 넣어 조리한 갈치 등의 생선 요리 등이 나왔다. 작은 접시에는 된장에 절인 채소 절임[漬物] 등이 담겨 있었다. 아침 식사는 죽이고, 밥은 하루에 두 번 나왔다. 그 정성이 가득한 향응접대에 우리는 매우 황송할 뿐이었다.

11월 7일 흐림. 관리[官시]가 열 명을 거느리고 찾아 왔다. 필담으로, 「음식은 충분한가?」라고 물었다. 또 통역도 와서, 그 말을 해석해 주었다. 이에 우리 일동은 모두 감사 인사를 드렸다. 그로부터 담배 두 꾸러미와 다소 품질이 낮은 종이[下紙]【고스기하라가미[小杉原紙], 다소 품질이 떨어지는 일본 전통 종이 정도의 갱지 백장】 한 다발씩을 주었다. 그리고 또 통역을 통해서 「부족한 것이 있으면, 관리[役시]에게 말해라」라고 간곡히 말하고 드디어 그 관리[官시]는 떠나갔다.

11월 8일 흐림. 관리[官시]로부터 돼지고기를 10근斤 정도 받았다.

11월 9일 맑음. 지난해 호우노즈[坊の津]²⁰ 지역으로 난파해 왔던 중국인 다섯 명이 찾아왔다. 일본어도 다소 말할 줄 아는 사람들이었으므로, 「그때 쇼군[將軍]의 큰 은혜를 받았다」라고 말하며, 술과 고기를 나누어 주었다. 그중의 연장자가 말하길, 「사쓰마 관리들은 모두 좋았으나, 통역이 좋지 못했다」라 하였다. 그 이유는 「그들에게 주어진 이불 속자락을 열어보니 도저히 사람이 사용할 수 있는 것이라고는 생각할 수 없었다. 또 코가 두 개짜리 게다[下駄]를 주는 것도 매우 좋지 못했다」라는 것이었다. 그것을 들은 청나라 관리[役시]가 「정말 그렇네」라고 말하며 크게 웃었다. 그 자세한 사정은 잘 알 수 없었지만, 우리는 정말 부끄럽기 짝이 없었다.

11월 10일 맑음. 목욕탕에 가고 싶다고 말하자, 통역이 와서 한 사람당 돈을 3문文씩 주었다. 목욕탕에는 이발사, 발톱 깎아주는 사람, 호궁 연주자, 안마사, 안마[按癖]를 해주는 자²¹들이 있었다. 건물 처마 아래에는 시각장애인들이 많이 모여 있어 상점에서 물건을 주거나, 왕래하는 사람들이 돈이나 고구마 등을 던져 주었다.

---

20 사쓰마 지역이다.
21 안마의 일종으로 어깨가 결리거나 통증을 치료하는 자이다.

11월 11일 흐림. 절에 참배하러 가고 싶다고 신청을 하였다. 통역이 관청[官所]에 갔다가 돌아와서 말하길, 「전원 모두 한꺼번에 갈 수 없으니, 오늘 절반쯤 가고 나머지 반은 내일 데리고 가겠다」라는 것이었다. 이에 열 세 명이 외출해서 절에는 가지 않고 북쪽에 있는 어떤 산을 향해 달려서 올라갔다. 관리[役人]가 잇달아 쫓아와 「관리[官人]가 부른다」 등등으로 말했으나, 듣지 않고 산 정상으로 올라갔다. 한참 내려다보았지만, 산이라 부를 만한 것은 전혀 보이지 않았다. 왕래하는 상선들이 너무 많아서 그 숫자를 이루 다 헤아릴 수 없었다. 이리저리 거리를 구경하며 다니다가 밤이 될 무렵 숙소로 돌아왔다.

11월 12일 흐림. 매일 같이 숙소 누각 위로 많은 사람이 모여들었으므로, 오지 못하게 해달라고 관리[役人]에게 부탁했더니, 「중국인이 일본에 갔을 때, 일본인들도 중국인을 보러 오는 일이 많았다. 당신들도 신기하기 때문이다」라고 대답하였다.

11월 13일 비. 일본과 왕래하며 교역하는 선박[来朝船] 선장 쉬허단[徐荷丹]이란 자가 방문하였다. 「이번에, 저장[浙江]으로 가는 선박 운항 추첨에 우리가 당첨되어, 당신들을 각각 승선시키게 되었다」라고 말했다. 만두를 보내어 주었다.

11월 14일 맑음. 일본인으로서 여러 차례 중국에 왔던 세 명이 우리를 방문해 여러 가지 이야기를 나누는 중에, 「올해 취안저우[泉州]22와 장저우[漳州]23 주변에 네덜란드 선박이 약 백이십 척 왔다」라고 말하면서, 또

「관리[官시들은 알면서도 잘 모르는 척하는 것 같다. 일본은 동쪽 쇼군 (에도막부)이 외국과 교역을 하고 있고, 또 나가사키 쇼군[長崎將軍]24도 모두 관리이면서 외국과 교역을 하고 있다. 이것은 옳지 않아, 옳지 않아」 라고 손짓하며 웃었다.

11월 15일 맑음. (관리가) 담배와 갱지를 우리 각자에게 보내어 주었다.

11월 16일 맑음. 오사카 사람들이 우리를 초대하였으므로 놀러 갔다. 조금 있으니 관리[役시가 연이어 와서, 소주 등을 가져다주었으므로 온종일 놀다가 숙소로 돌아왔다.

---

22 중국 푸젠성[福建省] 동남부 도시로서 양쯔강 하구 북안에 위치한다.
23 중국 푸젠성[福建省] 남부 상업 도시로서, 주룽강[九龍江]의 지류인 시시강[西溪]에 면해 있다.
24 나가사키 부교[長崎奉行]를 의미한다.

11월 17일 흐림. 관리[官]의 하인이 찾아와, 통역을 통해 자기 집으로 오라는 말을 전해왔다. 그리하여 젠스케와 테이지로는 의관을 정제하여 정장 차림으로 방문하였다. 큰 문으로 들어가자 집 안으로 안내되었다.

주인은 나이가 예순 살을 넘긴 백발로서, 털옷을 입고 의자에 앉아 있었다. 응접실[床の間]²⁵에는 감색 바탕에 금빛 글자로 쓴 주자가훈朱子家訓의 족자가 걸려 있었고, 네 명의 하인들을 시켜 많은 서책과 그림들을 가득 안고 와서 책상 위에 놓고 보여 주었다. 조금 시간이 지나자 부인 서너 명이 방 입구에서부터 안쪽을 들여다보다가, 얼마 지나자 곁으로 가까이 다가왔다. 우리 옷들을 손으로 쥐어보는 모습이 매우 향기롭고 아름다워서 무어라 이루 다 표현할 수가 없었다.

이어서 차가 나와 운편양갱[雲片糕]²⁶과 네리모노[練物]²⁷ 등을 다섯 개의 큰 그릇에 담아서 가져왔다. 또 이 부인들은 하녀에게 일본 담뱃대와 담배를 주석으로 만든 상자에 담아 가져오게 하여 피웠다. 의복은 황금색 비단이었으며, 이마에는 자수가 놓인 비로드를 대고 머리에는 생화를 장식으로 꽂고 있었다. 밤이 될 무렵, 숙소로 돌아오려고 몸단장을 하자, 주인이 소형 족자 두 개씩과 과자 등을 큰 사발에 담아 들고 와 우리에게 주었다.

11월 18일 흐림. 관리[官]가 와서, 크고 작은 목면 이불 두 개【島織목면】와 수건 하나【島織목면】, 큰 보자기 한 개【段通織】,²⁸ 상하 신발 2켤레, 솜

---

25 객실인 다다미방의 정면 상좌에 바닥을 조금 더 높여 만들어놓은 곳을 말하는데, 그 높인 자리에는 도자기나 꽃병 등으로 장식하고, 그 벽에는 족자 등을 걸어 두었다.
26 중국의 깨를 넣은 구름 조각 모양 단팥양갱이다.
27 으깨거나 굳혀서 만든 과자 종류를 말한다.

넣은 목면 한 개【붉은빛 또는 차갈 색의 菱木綿】, 솜이 들은 겉옷[羽織, 하오리] 한 개【검은 색으로 염색한 菱木綿】, 안감을 댄 겉옷[袷羽織] 한 개【꽃빛 색깔에 안감은 연한 노란색 비단】, 대나무 궤짝[行李] 한 개【철제 열쇠 있음】, 잎담배 2꾸러미, 종이 2다발【200매짜리】, 상기 11종류의 물건을 사람마다 각각 나누어 주었다. 이에 정중하게 깊이 감사를 드렸다.

11월 19일 맑음. 일본으로 왕래하는 선박의 수부[水夫, 선원]들이 많이 찾아와, 나가사키로 갈 것이라 말해주면서 여러 가지 과자 등을 선물로 주었다.

11월 20일 흐림. 선물을 보내준 것에 대해 답례를 하기 위해, 이른 아침부터 통역의 안내로 성내 관청[官所] 여섯 곳을 방문했다. 안가[安家]로 가니, 관리[官人]가 직접 나와서 과자를 선물로 주었다.

11월 21일 흐림. 근처에 있는 고깃집 성후이[勝會]로 가서, 작별 기념으로 16명이 각자 돈 50문[錢五十文]씩 내어, 술을 마시며 흥을 돋우다가 저녁이 될 무렵 숙소로 돌아왔다.

11월 22일 흐림. 누각 아래에서 싸우는 소리 같은 것이 들려와 소란스러워서 가 보니, 수부 이마이즈미 출신 젠자에몬[善左衛門]이 통역과 말싸움을 하고 있었다. 서로 막대를 들고 있어, 이미 사정이 긴급한 상태였

---

28 중국의 수제 양탄자로서 단수(매듭)의 규격이 30~48cm 간격으로 짠 매듭이 몇 개 있는가에 따라서 구분한다.

다. 테이지로가 막대를 빼앗아 젠자에몬을 세 차례 두들겨 패자, (젠자에
몬은) 누각 위로 도망쳤다.

테이지로가 통역에게 말하길, 「젠자에몬, 이 놈은 원래 멍청한 놈이
므로 제발 당신이 용서해주시고 화를 진정해 주십시오」라고 부탁하였
다. 누각 위로 올라가 젠자에몬에게 자초지종을 물어보니, 「통역에게 된
장을 사달라」고 부탁했더니, 작은 접시를 사서 왔었다. 그래서 화가 나
서 「중국사람은 매우 어리석은 바보이다」라고 험담을 했는데, 어찌 된
영문인지 알 수 없지만, 그 말이 통역 귀에 들어가 그가 매우 화를 냈다
는 것이었다. 통역이 그냥 내버려 둘 수는 없었던 모양으로 화를 내며
젠자에몬을 두어 차례 두들겨 팼는데, 그것을 테이지로가 다시 세 차례
나 패주고 나아가 땅바닥에 손을 대고 정중하게 사과하였다. 그러자 통
역도 표정이 약간 풀어졌다. 이곳에 와서 여태까지 여러 가지 많은 은혜

를 받았는데, 정말로 웃을 수밖에 없는 사건의 자초지종이었다.

11월 23일 흐림. 일본을 왕래하는 내조선來朝船 수부들이 와서 말하길, 「당신들 중 열세 명은 오는 25일에 승선하고, 나머지 열세 명은 12월 초에 승선하기로 결정되었다」라고 알려주었다.

11월 24일 맑음. 내조선來朝船 사무소에 갔는데, 바닥에는 기와가 삼십 매枚 정도 깔렸으며, 건물 바깥은 사방이 모두 흙벽으로서 등불과 잎담배가 놓여 있었다. 그리고 여러 가지로 멋지고 아름다운 그릇으로 요리들을 대접해주었다. 이윽고 관리[役시가 떡을 가지고 와서 주었다【일본의 하부타에 떡[羽二重餠]】.[29]

조금 있으니 한 사람이 와서 호궁胡弓을 들고 의자에 기대어 몇 곡을 연주하고 목소리를 높여 노래를 부르며 흥을 돋웠다. 돈 10문文을 받고 돌아갔다. 이후 몇 시간 동안 주연이 계속되어, 밤 8각(새벽 2시)경 숙소로 돌아왔다.

11월 25일 흐림. 관리[官役] 세 사람이 왔다. 오늘은 관리[官시 거처에서 우리 모두를 위한 전별연이 개최된다고 했다. 그리하여 이발[月代] 등을 하고 몸단장을 하여 하사받은 의복과 겉옷(하오리[羽織])을 착용하여, 신발을 신고 8각(오후 2시)경 관리[役시와 함께 유력자 집[豪家]으로 갔다. 문으로 들어가니 관리[官시가 현관에서 마중 나와 인사를 하며 집안으로

---

29 떡을 쪄서 설탕과 물엿을 첨가한 매우 부드러운 식감을 가진 일본식 떡이다.

위 그림은 원본에서는 11월 25일 뒤에 위치하였지만 그림 내용이 11월 25일에 부합하므로 이에 위치시켰다.

안내했다. 크기가 약 20쵸[20畳] 정도 되는 방에 탁자 일곱 개가 놓여 있었는데, 통역이 우리 각자의 손을 잡고 비로드가 걸쳐진 의자에 앉혔다.

응접실[床の間]에는 커다란 족자가 한 폭 걸려 있었고【큰 나무 밑에 아이가 그려져 있는, 무명 화가의 그림】, 향이 피워져 있는 방안 벽 삼면에는 매화와 대나무 등이 그려진 작은 족자가 여러 폭 걸려 있었다. 벽 좌우로는 등불이 여섯 개【그중에 2개는 비단 천 바탕에 얇고 엉성하게 짠 비단 그물망 양식[紗張り]30으로 화조花鳥가 그려져 있고, 나머지 4개는 유리 등이었다】가 걸려 있었는데, 그 아름다움을 이루 다 말로 형용할 수가 없다.

또 요리 메뉴는 다음과 같다. 주석으로 만든 술병 하나하나에 이름난 특산품의 명주名酒가 담겨 있었으며, 탁자 사방에 놓인 중간 크기 접시 12

---

30 비단 천에 그물코 모양으로 짠 것을 말하며 오늘날의 실크 스크린 인쇄법과 비슷하다.

개에는 각양각색의 양갱[練物]³¹ 종류들이 세 종류 정도 놓여 있었다. 길이 6치[寸](약 18cm), 둘레 7치[寸](약 21cm) 정도 되는 알을 술과 간장으로 익힌 조림도 있었다. 천안 절임[天眼漬寸], 땅콩의 설탕 요리[輪掛寸],³² 고기만두 등등 매우 많았다. 큰 사발 그릇에는 돼지고기 볶음 요리, 식초로 간을 한 말린 전복 조림, 해삼과 한펜[半片, はんぺん]³³의 조림 등이 담겨 있었다. 기러기고기·미나리·양고기, 무와 닭고기와 제비집 등을 넣어 익힌 요리도 있었다. 잉어의 통째 조림 요리, 설탕 소 만두의 칡 국물 조림 요리, 전갱이 조림 요리[湯膾]³⁴ 같은 음식, 냄비에 미나리·무·채소·감자 등을 넣어서 익힌 요리 등이 나왔다. 큰 사발[大丼] 요리가 12차례 정도 교대로 나왔다. 밤이 되기 전에 밥이 나왔다. 드디어 주인이 나와서 인사를 하였다. 향연 접대가 너무 화려해 황송할 뿐이었다. 한밤이 지나 감사를 드리고 숙소로 돌아왔다.

　11월 26일 흐림. 두 명의 관리[官]가 왔다. 오늘 우리 중 열세 명이 승선할 것이라고 말하면서 사람 수를 나누길래, 테이지로는 자신이 그 배에 타고 싶다고 말했다. 그러자 「당신은 다음 배에 타시오」라고 말하였다. 이에 아키메우라[秋目浦]³⁵ 출신 네 명, 다네가시마[種子島]³⁶ 출신 다섯 명, 이부스키[指宿]³⁷ 출신 두 명, 다루미즈[垂水]³⁸ 출신 한 명, 이마이즈미

---

31 꿀팥·생선묵 등을 으깨서 고체 모양으로 굳힌 음식을 말한다.
32 설탕을 녹여서 끓이면서 거품을 내어 음식 위에 얇게 덮어씌우는 요리 기법이다.
33 어육 반죽을 반달 모양으로 쪄서 굳힌 요리이다.
34 유나마스[湯膾]라는 음식은 미야자키[宮崎] 지방 향토요리로서, 체에 치거나 간 무와 가로로 자른 전갱이를 조리거나 볶아서, 간장·식초 등으로 조리한 음식을 말한다.
35 일본 규슈 가고시마현 남 사쓰마시[鹿児島縣南薩摩市]에 속한다.
36 규슈 가고시마현의 섬이다.
37 규슈 가고시마현에 속한다.

[今和泉]**39** 출신 한 명이 선발되었다. 관리[官시로부터 각자 이름을 쓰라는 말을 듣고, 명단을 작성하여 건네주었다. 이에 남게 된 우리도 바닷가[海邊]까지 송별하러 갔다. 관리[官시 세 명도 작별인사를 하기 위해 출범하는 선박까지 왔는데, 일본으로의 출발은 내일이라고 하였다.

11월 27일 흐림. 관리[役시가 와서, 앞서 승선한 열세 명은 오늘 출범한다고 말하였다. 그리하여 해상안전을 위하여 절에 가서 희언戱言을 개최하였다. 「남은 열세 명은 구경하라」라는 명령이 관리[官시로부터 내렸다. 이에 의복을 정장으로 고쳐 입고 관리[役시와 함께, 사찰 대문을 두 개 정도 들어가 희언당戱言堂으로 들어갔다【지금, 그 절 호칭은 잊어버렸다】. 정면에 커다란 불상이 3존 안치되어 있었는데, 그 좌우에 돼지머리가 두 개 바쳐져 있었으며, 한가운데에 촛불이 많이 켜져 있었다. 그 반대편으로 무대가 만들어져 있었는데, 그 좌우는 누각이었다.

우리는 누각 위 정면으로 관리[役시와 함께 갔다. 무대가 열리자 드디어 음악이 시작되어, 구경꾼들이 많이 모여들었다. 그로부터 징을 울리며 생황[笙] 등을 불자, 종규鍾馗**40** 같은 복장을 한 사람이 나왔다. 이어서 또 한 사람이 나오면서 박자에 맞추어 춤을 추는데, 도무지 의미를 알수 없어 그냥 웃기만 했을 뿐이었다. 관리[官시도 무엇이라고 말해주며 크게 웃고 있었다.

9각(낮 12시)경, 요리를 가져다주었다. 관리[官시가 통역을 통해서 인

---

38 가고시마현 중부, 오스미반도[大隅半島] 북서부에 위치한다.
39 가고시마현 사쓰마반도 남부 마을이다.
40 역귀나 마귀를 쫓아낸다는 중국 귀신을 일컫는다.

위의 그림은 원본에서는 12월 3일 뒤에 위치해 있지만 그림 내용이 11월 27일에 부합하므로 이에 위치시켰다.

사말을 하였다. 그리하여 (우리) 일동은 모두 감사를 드렸다. 이날 사람들이 매우 많았으나, 여인들은 전혀 보이지 않았는데 무엇 때문인가 하고 물어보니, 「'희언戱言' 등 흥행에는 여인들의 참가가 일체 금지되어 있기 때문이다」라고 대답하였다. 또 관리[官]시로부터 여러 가지 맛있는 음식 대접을 받아, 황송하기 그지없었다. 밤이 될 무렵, 숙소로 돌아왔다.

11월 28일 흐림. (숙소) 인근 도자기가게 주인으로, 이름을 위안유[元曲]라 불리는 사람이 급히 찾아와, 테이지로를 초대하였다. 그리하여 그의 집에 가 보니, 안쪽 방으로 안내하여 우선 차를 대접받았다. 이 위안유라는 사람은 우리 일본어를 잘 알고, 일본말도 아주 잘하였다.

조금 있으니 나이가 든 여자 두 분이 나와서【한 사람은 이웃에 사는 여자이고, 또 한 사람은 위안유의 모친이었다】, 위안유를 통해 「당신은 부모가 건재하신가?」라고 물어보았으므로, 「건재하다」라고 대답하였다. 또 「형제는 몇 명인가?」라고 물었으므로, 「여섯 명이다」라고 대답했다. 또 「처자는 있는가?」라고 물었으므로, 「처도 있고 아들도 한 명 있다」라고 대답했다. 그 여자는 슬픈 얼굴로 수건 하나와 담배 한 꾸러미를 주었다. 또 위안유는 작은 족자 한 폭을 선물로 주었다. 이에 정중히 감사 인사를 하고 숙소로 돌아왔다.

11월 29일 맑음. 젠스케와 테이지로가 관리[役人]와 함께 일본으로 갈 업무를 보는 사무소[會所]로 가니, 관리[官人]가 먼저 와 의자에 앉아 있었다. 차를 대접받았다. 서기[書役]를 호출하여 글자가 적힌 종이 스물여섯 장을 들고 와 사람마다 한 장씩 나누어 주었다. 이에 받아서 숙소로 돌아왔다. 그 문장에는 다음과 같은 내용이 적혀 있었다.

문자가 쓰인 종이를 공경하고 소중히 하는 것[敬惜]은 복과 장수를 불러온다.

문자를 소중히 아끼는 방법을 혹 보고 들으면, 신속히 수집해 기록해야 한다. 문자가 기록된 종이를 모아서, 매달 초하루와 보름(15일)에 손을 정결하게 씻어 그것을 불태워, 적을 때는 적게 많을 때는 많게 포장해 큰 바다로 흘려보내어, 바람을 타고 그 모습이 사라지게 한다.

재화를 쓸데없이 소비하지 않는 공덕과 굳건한 마음가짐은 반드시 좋은 보답을 받을 것이다. 한 사람을 권유해 문자가 적힌 종이를 아끼고 귀하게 여기게 만든다면, 곧 그 보답으로 한 명이 복을 받게 될 것이다. 또 많은 사람을 권유해 문자가 적힌 종이를 널리 아끼고 귀하게 여기게 한다면, 즉 그 보답으로 무한한 복을 받게 될 것이다. 문자를 아끼고 귀하게 여긴다면 복을 얻게 되고, 문자를 모독하면 화를 자초하게 될 것이다. 문자를 소중히 여기는 것[惜字]과 문자를 얕보는 것[褻字]은 양쪽 모두 똑같이 문자라는 말을 사용하고 있으나, 그 의미는 천양지차로 매우 다르다.

문자를 쓰는 기쁨을 얻고, 나아가 더욱 문자를 아끼고 소중히 해야 할 것이다. 만약 문자를 함부로 대하고 더럽게 사용하거나 버리면, 그 죄는 백배나 될 것이다. 이른바 복과 화가 들어오는 문이 따로 있는 것이 아니라, 사람들 자기자신이 스스로 초래한 것이다.

이것은 옛날부터 오늘날에 이르기까지 전해오는 성현들의 가르침이다. 착한 일[善]은 사람을 감동시키고, 나쁜 일[惡]은 응보를 받는다는 것이 확실하게 증명되어 왔다.

다만 천하가 광대하여 깊은 심신 산골이나 도시에서 멀리 떨어진 산간벽지에는 아마 아직도 널리 보급되지 않아, 그 이익과 손해를 깨닫지 못하고 있다. 그러므로 이것을 계몽시켜 그 선함을 널리 권유해야 한다. 군자는 빨리 복덕을 쌓는 데에 도달한다. 지식이 있는 자[知者]는 문자를 아끼고 귀하게 여기는 데에 노력한다면, 견고한 마음으로 영구히 좋은 응보를 받을 터이다. 또 이것을 모르는 자들은 맹렬히 반성하여 태만하거나 소홀히 하지 않으면, 그 공덕이 무한할 것이다.

삼가 말씀드리옵니다.

순양조사의 장수양육을 위한 노래[純陽祖師延壽育子歌]

여러분이 장수하고 싶다면 나의 이야기를 잘 들으시오. 모든 일에 관용과 어진 사랑으로 임할 것을 명심해라. 여러분이 장수하고 싶으면 방생放生[41]해라. 이것은 순환의 진리(사물의 성하고 쇠하여짐이 서로 바뀌어 돌고 도는 이치)이다.

만약 다른 사람이 죽으려 할 때 당신이 그를 살린다면, 당신이 죽을 고비에 있을 때 하늘이 당신을 구원해 줄 것이다. 당신의 장수와 육아育兒에는 다른 방법이 없고 살생을 삼가고 방생하는 것만이 정답이다. 그리고 또 다른 사람이 황망한 어려움을 만났을 때 구원의 손을 내밀어 부드러운 말로 도와준다면, 하늘로부터 이미 돌아가신 선조들의 도움을 받을 것이며, 그 음덕陰德이 자손에게까지도 미칠 것이다.

타인을 추천하거나 구제하는 것도 모두 보통 사람의 손에서부터이며, 타인을 칭찬하거나 함정에 빠뜨리는 것도 모두 보통 사람의 입에서 나온다. 그러므르 남을 돕는 손은 오히려 사용하고, 남을 함정에 빠뜨리는 입은 열지 마라.

사람들이 만약 이 말을 지킨다면, 자신은 장수를 누릴 수 있고 자식 양육은 행복[壽福]을 누릴 수가 있을 것이다. 사람들이 만약 이 가르침을 잘 따른다면, 장차 앞날이 영구히 무한해질 것이다.

양은자洋隱子가 삼가 쓰다.

12월 1일 맑음. 관리[役시]에게, 「오늘 일본에서는 모두 집집마다 떡을 만들어 먹는 날입니다. 바라옵건대 관리[官시]에게 간청드려 (떡을) 나누어 주실 수는 없나요」라고 부탁드렸더니 관리[役시]가, 「오늘 왜 떡을 먹느냐」라고 물었다. 이에, 「오늘은 일 년의 마지막 달의 초하룻날이라, 떡을 먹으면 목숨이 길어져 장수한다는 고사 때문입니다」라고 대답했다. 이윽고 조금 있으니 붉게 옻칠한 단하丹荷42 안에, 뜨거운 물에 담근

---

41 방생은 사람에게 잡혀 죽게 된 짐승을 살려 주는 불교 의식이다.
42 연잎 무늬가 들어있는 용기이다.

떡[米饅頭]을[43] 담아와서 한 사람당 다섯 개씩 나누어 주었다.

12월 2일 흐림. 아키메우라[秋目浦] 출신 선원 에이스케[永助]가 병에 걸렸으므로, 의사를 불러달라고 부탁하였다. 의사 두 명이 함께 와서 약을 먹이고, 관리[官시]도 직접 와서 병자 상태를 살펴보았다. 또 관리[役시] 한 명이 누각 위로 올라와 옆에서 간호하면서, 온종일 죽을 끓이거나 약을 달이거나 하였다. 정말로 분에 넘칠 정도로 정중하였다.

12월 3일 맑음. 바야흐로 내일 승선할 것이라는 말을 들었다. 한편 그동안 친해진 사람들이 작별 인사로 술이나 과자, 또는 여러 가지 소품, 담배, 종이류 등을 많이 가지고 와 선물로 주었다. 온종일 사람들이 끊이지 않고 찾아왔다.

12월 4일 흐림. 새벽에 관리[役시]가 찾아와, 「우선 먼저 관리[官시]와 선장 자택으로 작별 인사를 하러 가야만 한다」고 말했다. 이에 의복을 단정히 차려입고 선물 받은 신발을 신은 다음, 그동안 곁에서 많이 도와준 중국인들에게 먼저 감사 인사를 드리고, 관리[官시] 집으로 갔다. 그러자 관리[官시]가 직접 마중을 나와 사람을 불러 족자 네 폭을 가져오게 하고, 또 붉은색 단하[丹荷] 위에 용안육[龍眼肉],[44] 그 아래에 얼음설탕을 가득 담아와 선물로 주었다.

그리고 해안가로 나아갔다. 네 명의 관리[官시]와 수십 명의 관리[頭役시]

---

43 쌀가루 반죽에 팥소를 넣어 만든 떡을 일컫는다.
44 용안의 가종피(假種皮)로, 말려서 식용(食用)하며 완화 자양제(緩和 滋養劑)로도 사용한다.

가 작별 인사를 하기 위해 찾아왔다. 이에 체재 중에 받았던 많은 은혜에 감사하며 정중하게 인사를 드렸는데. 본국으로 돌아가는 기쁨이 오히려 이별의 슬픔으로 바뀌었다. 관리[官]도 역시 아쉬움의 눈물을 흘리며, 드디어 작별하였다.

그 후 거룻배를 타고 1리(4km) 정도 가서 본선本船에 도착했다. 선장은 쉬허단[徐荷丹]이었다. 처음부터 끝까지 모두 정중하기 그지없었다. 7각(오후 4시)경, 자기 자리들을 정하고 짐을 정리하였다. 한편 요리 그릇 5개가 탁자에 배치되어 있었는데, 항상 고기 종류 등을 사용하였다【선박의 탑승자는 모두 111명이었다】.

이때, 선장 쉬허단은 책상에 앉아 있었다. 그는 서기[書役] 한 명을 동반하여, '인명책人名冊'이라고 쓰여진 표지의 서책을 가지고 나와, 중국인들을 한 사람씩 호명한 다음 그 이름과 고향[국향, 國鄕], 주소 등을 묻고 기록하였다. 그리하여 「엄중하다고 말하겠지만, 이름·고향 등을 각각 기록해두지 않으면 나중에 나가사키 쇼군[長崎將軍]으로부터 질책을 받기 때문」이라고 하였다. 엄격하게 진위를 조사·선정하여 탑승시키는 것으로 보였다.

12월 5일 흐림. 서북풍[酉戌風]. 새벽에 자푸[乍浦]에서 출범했으나, 바람이 강하여 남동[巳午] 쪽으로 흘러갔다. 8각(오후 2시)경까지 조수의 흐름이 빨라 남쪽으로 떠내려갔으므로, 닻[碇](철묘)을 바다에 던져 넣어 배를 정박시켰다. 해저 깊이는 대략 10발[尋](18m)이었다. 남쪽으로 작은 새 두 마리가 날아다니는 것이 보이고, 소형 선박 수십 척이 왕래하고 있었다. 한밤중에 조수의 흐름이 순조로워져, 특별히 북동동[丑寅] 방향으로 달렸다.

*分手謝始終恩 : 그동안의 은혜에 감사하며 작별인사하다.

12월 6일 흐림. 서풍[酉風]. 북동[丑] 방향으로 배가 달리자, 곳곳에 작은 섬들이 여기저기 흩어져 있어, 점차 자푸[乍浦]가 보이지 않게 되었다. 순풍이라고는 하지만, 조수의 흐름이 좋지 않았으므로 배가 달리기 힘들

乍浦出帆

僧來 乞米

의 그림은 원본에서는 12월 15일에 위치해 있지만 그림 내용이 12월 5일에 부합하므로 이에 위치시켰다.

었다. 점심 무렵 닻을 바다에 넣어서 배를 정박시켰다. 4각(오후 10시)경 닻을 올려서, 북동[丑] 방향으로 달렸다.

12월 7일 흐림. 서북풍[酉戌風]. 큰바람이 불고 눈 또는 싸락눈이 내리며 파도가 높아졌다. 일본 선박이었더라면 매우 위험한 때였으나, 중국인 들은 단지 닻 하나로 정박하기도 하고, 노래 등을 흥얼거려 가면서 조금 도 놀라지 않는 것처럼 보였다. 7각(오후 4시)경부터 바람이 다소 부드러 워졌으므로 닻을 올려서 북동동[丑寅] 방향으로 달렸다. 한밤중에[45] 조수 의 흐름이 나빠져 낮을 내려서 정박했다【중국 선박은 배 기둥이 작고 선체 아 래쪽은 튼튼하였으므로, 바다에서 큰 바람을 만나더라도 그다지 힘들어하지 않고 육 지를 보면 그다지 두려워하지 않았다. 한편 우리 일본 선박은 기둥 나무판이 매우 얇

---

45 밤 11시부터 새벽 1시까지이다.

고 바닥이 뾰족하여 가벼우므로 바다에서 매우 두려워하였다. 이것은 선박 제작법이 우리 일본과 다르기 때문이었다】.

12월 8일 흐림. 북서풍[戌亥風]. 4각(오전 10시)경 닻을 올려 북동[丑] 방향으로 달려갔다. 그때, 선장이 의복을 갖추어 입고 거룻배 위에 양탄자를 깔아 향과 불을 피운 다음, 글을 쓴 종이를 태워서 바닷물에 던져 넣었다. 또 돼지 두 마리를 죽여서 좌우에 공양하고, 남쪽을 향하여 머리를 세 번 숙여 절하였다.

12월 9일 흐림. 서풍[酉風]. 바닷물 색깔이 조금씩 푸르게 변하여 수심이 50발[류](90m) 정도 되어 보였다【이때 저 멀리 작은 쪽배의 돛 그림자들이 보였다】. 북북동[子丑] 방향으로 달려갔다.

12월 10일 흐림. 서풍[酉風]. 바람이 매우 강하게 불어, 북북동[子丑] 방향으로 달려, 아침 5각(오전 8시)경 갈색 바다[渴海]를 벗어났다.

12월 11일 흐림. 서북풍[酉戌風]. 바람이 강하였으므로 좌우에 기둥 2개를 세우고 돛대를 2개 더 추가해, 북북동[子丑] 방향으로 달려갔다.

12월 12일 맑음. 서북풍[酉戌風]. 바람이 강하게 불어, 중국인 한 명이 돛대에 올라가 망원경으로 살펴보다가, 고토열도[五島列島] 메시마[女島]를 발견했다. 내일 점심 무렵에는 (육안으로) 보일 것이라고 말하였다. 그로부터 점차 바람과 파도가 거칠어지는 듯한 형상이라 말하였으나, 선박

내의 중국인은 힘들어하는 모습을 전혀 보이지 않으며, 동북[寅] 방향으로 달렸다. 이럴 때 일본 선박 같으면 기둥을 잘라내고, 화물을 바다에 버리고 하는 때이었다.

12월 13일 맑음. 서북풍[戌風]. 동북동[寅卯] 방향으로 달렸다.

12월 14일 맑음. 북서풍[亥子風]. 메시마[女島]가 보였다. 점심 무렵 고토[五島]열도의 오세자키[大於崎]로[46] 향했으나, 바람이 북풍으로 바뀌어 나가사키 항구로 향해 달렸다. 그러나 바람이 강하고 파도가 높아, 어쩔 수 없이 (속도를) 낮추어서 밤이 될 무렵, 아마쿠사[天草]의 사키노쯔[崎の津] 1리里 (4km) 정도 떨어진 곳에 배를 정박시켰다. 그러자 한밤중 무렵, 작은 배 한 척이 가까이 접근했다가 곧바로 사라졌다. 한참 지나서 (일본) 관리의 선박이 와서, 중국인에게 종이에 글로 쓰게 한 다음 가지고 사라졌다.

12월 15일 맑음. 북풍. 다른 중국선이 한 척 다가와 정박하였다. 그로부터 관리의 선박들이 연이어 왔다. 4각(오전 10시)경, 사키노쯔[崎の津] 항구로 유도되어 입항하였다. 도오미번소[遠見番所][47] 사람들이 찾아와, 우리 이름과 또 표류 과정 등에 대해 기록했는데, 아직 상륙은 일절 할 수 없다고 전달했다.

---

46 오세자키의 한자는 大於崎가 아니라 大瀬崎가 옳은 것 같다. 현재 나가사키현 고토시[五島市] 다마노우라[玉之浦]로 추정된다.
47 도오미 반소[遠見番所]는 선박 출입을 감시하는 곳이다.

12월 22일 사키노쯔【일수로는 8일 동안 체재하였다】로부터 출범하여, 같은 달 23일에 나가사키로 입항하였다.

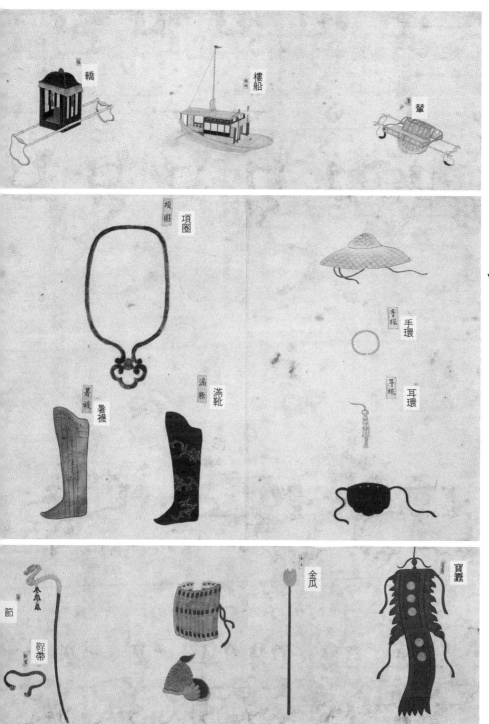

轎
樓船
輦
項圈
手環
耳環
暑襪
滿靴
節
金瓜
寶纛
鞓帶

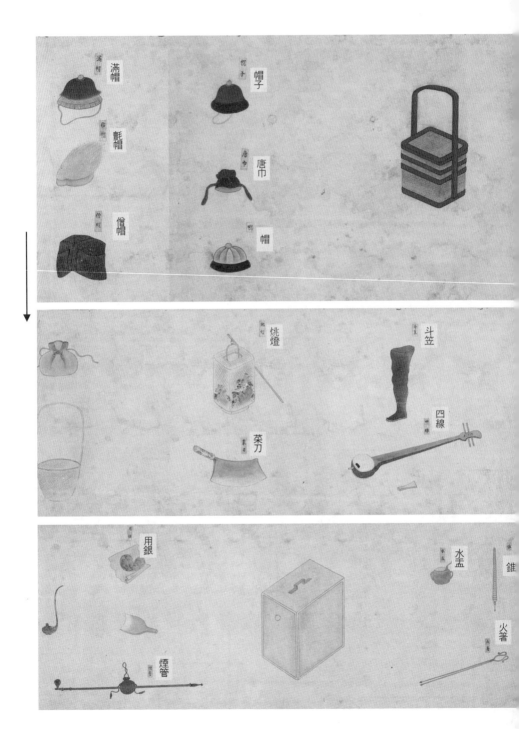

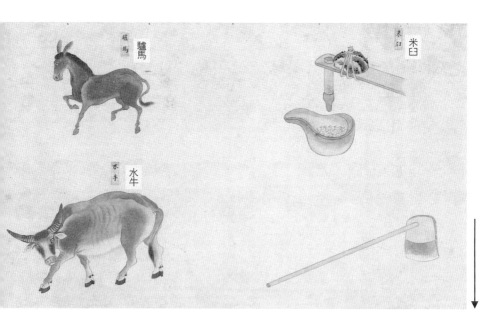

여정지도

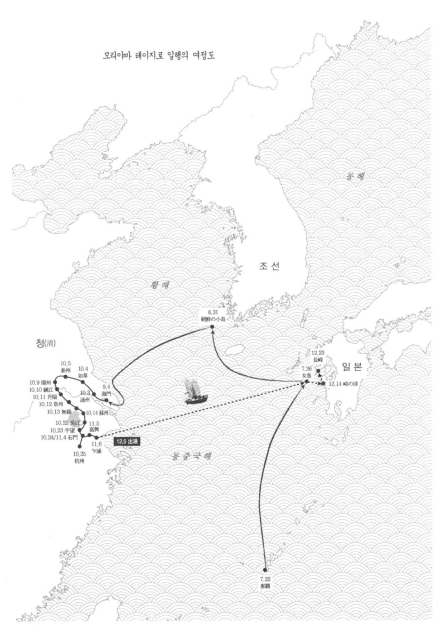

모리야마 테이지로 일행의 여정도

동해

조선

황해

청(淸)

10.5
泰州

10.4
如皐

10.9 揚州
10.10 鎮江
10.11 丹陽
10.12 常州
10.13 無錫
10.22 吳江
10.23 平望
10.24/11.4 石門

10.3
通州

9.4
海門

10.14 蘇州

11.5
嘉興

12.5 出港

10.25
杭州

11.6
乍浦

8.31
朝鮮の小島

12.23
長崎

7.26
女島

일 본

12.14 崎の津

동중국해

7.22
那覇

한국어 여정 연표

● 여정기간 : 분카 7[文化 7, 1810]년 7월 22일~12월 23일

날짜	주요 사건
7.22	본선 조쿠호[長久丸], 나하항을 출항하였다. 쪽배 다이호호[大寶丸]도 뒤따랐다.
7.23	동쪽으로 도리시마[鳥島]를 발견해, 북북동 방향으로 달리다.
7.24	바람이 강해졌으나 이미 60~70리 떠나와 되돌아갈 수 없어 항해를 계속하였다.
7.25	쪽배 다이호호가 보이지 않았다.
7.26	나가사키 고토[五島]의 메지마[女島]를 향해 갔다.
7.27	강풍이 불었다. 배의 앞 기둥을 자르고 화물을 버리고 머리카락을 잘라 바다에 던져 기도드렸다.
7.28	강풍이 불었다. 수부 죠쥬[長十]가 활대에 맞아 익사하였다.
7.29	부드러운 바람이 불어 이불 등으로 배의 침수를 막고 바닷물을 끓여 담수를 만들었다.
7.30	키[柁]의 손잡이로 기둥을 만들어 달렸다.
8.1	갈색 바다[渴海]에 도착하였다. 매가 날아와 작은 새를 잡아먹었다.
8.2	북동 방향으로 달렸다.
8.3	키를 만들었다.
8.4	수부 젠고로[善五郎], 병에 걸렸다.
8.5	물고기를 잡아 소금으로 간해 익혀 먹었다.
8.6	갈색 바다를 벗어나 푸른 바다[靑海]로 들어갔다.
8.7	비가 내려 빗물을 모아 식수로 삼았다. 보이던 산 그림자도 멀어졌다.
8.8	작은 섬 3개가 보였으나, 광풍으로 멀어져 다시 표류하였다.
8.9	새들이 많이 날아다녀 조선국 근처로 유추하였다. 달강어 등 큰 물고기를 낚았다.
8.10	비바람 때문에 남쪽으로 표류해 갔다. 오키노에라부섬[沖永良部島] 출신 5명과 류큐인 1명을 일본인 복장으로 하였다.
8.11	강한 바람과 높은 파도로 고생하였다.
8.12	조선의 작은 섬들이 보였다. 젠고로가 배에서 병사하였다.
8.13	부속선[橋舟]을 타고 조선의 작은 섬에 상륙을 시도하였다.
8.14	조선의 관리가 왔다. 물을 얻었다.
8.15	부속선을 타고 상륙을 시도했으나 거부당했다.
8.16	조수의 흐름이 빨라 닻을 내려 작은 섬 주변에 정박하였다.
8.17	정박해도 이익이 없으므로 바람이 부는 대로 표류해 다시 바다로 나갔다.

날짜	주요 사건
8.18	정처 없이 서쪽으로 떠내려갔다.
8.19	풍랑이 격렬하게 불어 병사했던 젠고로의 시체를 바다에 수장시켰다.
8.20	풍랑이 잔잔해져 서남 방향으로 떠내려갔다.
8.21	중국 땅 근처, 얕은 갈색 바다에 도착하였다.
8.22	바다가 점차 얕아져 배가 앞으로도 뒤로도 갈 수 없는 진퇴양난에 빠졌다.
8.23	조수의 흐름이 너무 빨라 닻을 내려 배를 정박시켰다.
8.24	북풍이 불어와 서쪽방향으로 떠내려갔다.
8.25	강남상선(江南商船)이 접근해 와서 물을 보급받았다. 테이지로[貞次郞], 종이에 표류 전말을 써서 건넸다. 인원수가 많아 구조되지 못하다. 강남상선은 남쪽으로 떠나갔다.
8.26	풍랑이 심해져 배가 얕은 여울에 도착했다.
8.27	풍랑이 심해져 얕은 갯벌 위에 배가 올라가 파선될 위험에 처했다.
8.28	작은 어선이 많이 다가왔으나, 본선에는 일체 접근하지 않고 모두 사라졌다.
8.29	어선 4척이 다가와 나무판을 건네주었으므로 거기에 구조요청의 글을 써 던지자 가지고 사라졌다.
8.30	본선이 갯벌로 올라가 마침내 파선되었다. 2척의 어선에게 구조되었으나 우리의 화물을 빼앗겼다.
9.1	이날부터 중국인 구조 선박에서 아침, 저녁식사로 여러 물고기 요리를 대접받았다. 중국인 선장 인상이 매우 험악했다.
9.2	역시 얕은 바다의 간척지를 항해하였다.
9.3	어제와 동일하게 갈색 바다를 항해하였는데 육지는 보이지 않았다.
9.4	좁은 포구로 들어갔다. 구조 어선 한 척이 젖은 미곡을 싣고 달아났다. 하이먼[海門] 강변 우측에 정박하였으나 밤이라 상륙하지는 못했다.
9.5	구조 어선이 새벽에 내려주고 달아났다. 관리[役人]가 와서 신분, 출신, 표류 이유를 적게 하였고, 수레에 태워 시가지를 지나 원해사(圓海寺)에서 숙박했다.
9.6	밍저우[名州]에 가서 휴식을 취하였다. 다시 수레에 타 출발해 핑저우[萍州]에 도착하여 관청의 심문을 받았다. 신분, 출신, 표착 이유 등을 적어 건넸다. 경요묘(瓊瑤廟)에서 숙박하였다.
9.7	필요한 식기를 받았다. 경요묘 앞 찻집에서 하루에 세 번 식사가 나왔다.
9.8	이발[사카야키, 月代]을 하고 술을 사서 구조된 것을 축하하였다.
9.9	시가지를 구경하고 찻집에서 국수를 사먹었다. 구경꾼이 많아 숙소로 돌아오다. 외출한 일로 관리[官役]에게 주의를 들었다.
9.10	경요묘로 구경꾼이 너무 많이 들어오므로, 묘 기둥에 경고문이 붙었다.
9.11	쉰[荀]이라 하는 관리[役人]가 매일 찾아와 필담을 나누었다. 만두를 많이 주어, 답례로 류큐의 찻사발을 선물하였다.
9.12	경요묘 근처 찻집 주인 천[陳] 씨와 친해졌다. 그의 안내로 태락교(泰樂橋)를 지나 가게에서 술·고기를 대접받으며, 소년의 생활·악기 연주를 들으며 즐겁게 놀았다. 관리[官役]가 쫓아왔으므로 귀가하였다.

날짜	주요 사건
9.13	에이스케[永助]와 마고자에몬[孫左衛門]에게 열이 있어, 의사 두 명이 와 진찰하였다.
9.14	목욕탕에 갔다. 욕탕은 푸른빛을 띤 응회암에 3단 욕조로 유리창문이 있었다. 검은 비단옷을 입은 사람과 필담을 나누었다.
9.15	경요묘 대축제로 관우축제[關帝] 행렬이 온종일 시가지를 누볐다.
9.16	오시로 빼친[大城親震上]이 류큐인임을 밝혀 모두 관청의 심문을 받았다.
9.17	관리[役人]의 안내로 한구읍(罕丘邑)에 구경갔다. 금사묘(金砂廟)에서 정교한 수정으로 만든 포대(布袋) 화상 등을 보았다. 시가지를 구경하고 술에 취해 밤에 귀가하였다.
9.18	지사[大老爺, 知縣] 등이 경요묘에 와 죄인을 심문하였는데, 우리 일행의 일본 옷과 일본도 등에 관심을 가졌다.
9.19	서른 살 정도 사람이 찾아와 필담을 나누었다.
9.20	관리[官人]가 돼지고기 10근, 지인은 술 한 병, 천[陳] 씨는 마름[菱]을 주었다.
9.21	경요묘 뒤의 두부집 위안팡[元方]의 초대를 받아 술과 고기 등을 대접받았다. 젠스케와 테이지로가 서화를 써주자 위안팡은 기뻐하며 흰 부채를 선물로 주었다.
9.22	환전소에 가서 일본과 중국 화폐를 비교하다. 중국의 은화 1냥은 일본 4몬메[匁], 일본의 오반[大判]과 같은 중국의 은은 30관문(貫文)이었다.
9.23	하이먼[海門]은 목면 명산지로 목면, 비단 등의 가격을 조사·비교하였다.
9.24	경요묘 잎에 쇠굴레 돌리기, 갈로 아이의 목자르기 등의 곡예가 펼쳐졌다. 2녕의 중국인과 필남하였다.
9.25	관리[官役]가 와서 우리를 구조한 어선 선장 체포 소식을 알려주었다.
9.26	경요묘 안에서 남녀와 무당의 굿과 기도하는 장면을 보았는데, 병자를 위한 기도인 것 같았다.
9.27	목욕탕에 갔다가 돌아오는 길에 거리의 도박을 구경하고 찻집에서 차를 마시며 필담을 나누었다.
9.28	관청으로 갔는데 구조한 어선 선장이 문초를 받고 있었고 그들이 빼앗은 철제 닻과 물에 젖은 미곡이 발견되었다. 그 가격에 대해 관리와 필담하였다.
9.29	천[陳] 씨의 안내로 목면가게에 가서 주인 부자와 필담을 나누고, 서양 은화 1원(元)을 선물 받았다. 유생과 필담하였다.
10.1	경요묘 기둥에 '성탄생일(聖誕生日)'이라는 종이가 붙었고 인근에서 선향·초를 가지고 참배를 왔으며 3일 동안 금색 지전(紙錢)을 태웠다.
10.2	위안[袁]이라는 유력자의 집에서 쌀 10포대와 돈 10관문을 기부해주어 감사드렸다.
10.3	오늘 육로로 퉁저우[通州]로 간다는 소식을 들었다. 각자 돈 1쾌와 의복 한 벌씩 받고 경요묘 앞에서 수레 28대에 나눠 타고 출발하였다. 도중에 지기로부터 전별을 받았다. 퉁저우에 도착하여 자영묘(紫英廟)에서 숙박하였다.
10.4	퉁저우에서 각자 돈 100문씩 받았다. 병만교(幷滿橋)를 지나 누선 5척에 타고 루가오현[如皐縣]에 도착하였다.
10.5	루가오현에서 각자 돈 200문씩 받았다. 밤에 타이저우[泰州]에 도착하였다.

날짜	주요 사건
10.6	타이저우에서 돈 200문씩 받았다. 누선 5척에 나눠 탔는데 배에서 출산이 있어 축배를 들었다.
10.7	쩡텅읍[曽藤邑]에 배를 정박하고 상륙해 비단가게를 구경하고 일본 가격과 비교하였다. 가게 주인과 필담하였다.
10.8	허즈[賀芝]에 배를 정박하여 기와 생산지를 구경하였다. 풍향이 좋지 않아 정박한 후 출항했다.
10.9	양저우[揚州]에 도착했다. 수많은 선박이 왕래하였는데 양저우 시내와 누선 기녀도 구경하였다. '평원[平門]'이란 편액이 걸린 성문을 지났다. 한밤에 배가 출발하였다.
10.10	금산사(金山寺)를 보며 전장현[鎭江縣]에 도착했다. 상륙하여 도자기 가게에 갔는데 찻잔 가격이 일본의 10배 정도였다. 중국에 와 가장 맛있는 술을 맛보았다. 배를 타고 단양현(丹陽縣)으로 향하였다.
10.11	아침에 단양현에 도착하였다. 오후에 배를 출발해, 창저우[常州]로 향하였다. 대형 선박 조선소·목재소가 보였다.
10.12	창저우에 도착하였다. 오후에 출항하였는데, 강변의 갈대밭과 어부들을 보았다.
10.13	우시현[無錫縣]에 도착하였다가 다시 쑤저우[蘇州]로 향하였다. 곳곳에 안경다리가 보였다.
10.14	쑤저우에 도착하여 시내를 구경하였다. 명승절경의 한산사(寒山寺)가 보였다. 서광사(瑞光寺) 주변 승방에 숙박하였다.
10.15	서광사 주변 직물가게를 구경하였다. 40살 정도의 선생 집에 초대되어 교류하였다.
10.16	관리[官人]가 와서 필담으로 구조 어선 선장이 빼앗은 칠 닻과 물에 젖은 미곡의 무게·가격을 물었다.
10.17	하이먼의 지사[大老爺]에게 일본 화물의 은화 환산을 요구하였다. 26명의 이름을 적어 제출하였다.
10.18	인근의 권세가 집으로 초대되어 주인과 필담을 나누었다.
10.19	예순 살 가량의 중국인이 와서, 야쿠지마[屋久島] 표류 체험담과 시마즈가문의 문양에 대해 이야기하였다.
10.20	서른 살 가량의 약국 주인이 와서 경신록(敬信錄)을 주었다. 중국 각종 약재 및 옷감의 가격을 문의하였다.
10.21	관청으로부터 각각 은 4냥씩 받았다. 테이지로는 칠 닻과 물에 젖은 미곡의 환산으로 162냥을 더 받았다.
10.22	누선 5척에 타고 출발하여 평차오[楓橋]·안경다리를 지나갔다. 오후에 우장현[吳江縣]에 도착. 우장현 관리[役人]로부터 담배를 받고 밤에 다시 출발하였다.
10.23	아침에 평왕현[平望縣]에 도착했다. 평왕현 관리[官役]로부터 담배를 받았다. 허푸[賀阜] 마을에 배를 대고 상륙하여 견학하였다. 밤에 배를 타고 출항하였는데 싸락눈이 내려 시스이역[西水驛]에 정박하였다.
10.24	스먼현[石門縣]에 도착하였다. 최근 성을 수리해 깨끗하였다.
10.25	왕스현[望濕縣]을 지나 수차례 배를 타고 석등(石燈) 근처에 배를 정박하였다. 큰 강이 사방으로 흘렀다. 한림원(翰林院)과 관청을 지났다. 관청을 나와 사찰 당내로 들어가 숙박하였다.
10.26	장관[官長] 이하 관리가 와 성대한 식사를 대접받았다. 상세한 요리 내용이 기록되어 있다.
10.27	구경꾼이 많아 사찰 당내까지 들어왔다. 너무 소란스러워 관리에게 부탁하여 쫓아냈다.
10.28	젠자에몬[善左衛門]이 습독으로 의사 진료를 받고 약을 조제받아 발랐다.

날짜	주요 사건
10.29	관리[役人]의 안내로 시가지를 구경하였다. 부잣집 초대를 받아서 목면과 버선 등을 사고 술·고기 대접을 받았다.
11.1	골동품 가게와 시내 구경을 갔다. 한 가게에서 그림[古画] 3폭을 선물받아 답례로 일본 옷을 선물하였다.
11.2	사찰 골목길을 지나 누선을 타고 소주·요리 및 기녀의 접대, 삼현(三弦) 연주를 들었다.
11.3	자싱현[嘉興縣]으로 가는 도중, 군사훈련을 보고 '원문(轅門)'이란 편액이 있는 강변에서 누선을 타고 출발하였다.
11.4	자싱현에 도착하지 못하였다. 밤, 스몐현에 도착하여 오후에 배를 타고 다시 출발하였다.
11.5	새벽에 자싱현에 도착·상륙했다. 식사 후 성내를 구경하고 안경 등을 샀다. 야밤에 핑후현[平湖縣]에 도착하였다.
11.6	핑후현 관리가 돼지고기를 많이 주었다. 저녁 자푸[乍浦] 성내에 도착하였다. 일본인 표류민을 만나 축하하였다. 가게 매대에 일본산 물건(다시마, 해삼, 목면 염색, 비단)을 발견하였다. 융숭한 대접을 받았다.
11.7	자푸의 관리[官人]가 담배 2꾸러미와 종이 1다발을 주었다.
11.8	자푸의 관리[官人]가 돼지고기 10근을 주었다.
11.9	작년(1809년) 일본 호우노즈[坊の津]에 표류한 중국인 5인이 와서 일본어로 일본 통역관에 대해 불평하였다.
11.10	목욕탕에 갔다. 목욕탕에 이발사, 안마사, 발톱깎이, 걸인 등이 많았다.
11.11	사찰 참배를 핑계하여 인근 산에 올라 많은 상선을 구경하고 밤에 귀가하다.
11.12	숙소에 몰려온 많은 인파에 대한 규제를 관리[役人]에게 부탁하였지만 무시당하였다(일본에서도 똑같았다고 함).
11.13	일본행 선박[来朝船] 선장 쉬허단[徐荷丹]이 인사차 방문하여 만두를 주었다.
11.14	일본인(3명)이 와 '올해 취안저우[泉州]·장저우[漳州]에 네덜란드 선박 120척이 왔다'고 하였다.
11.15	각자 담배와 종이를 받았다.
11.16	오사카[大坂] 출신 일본인 초대를 받아 하루종일 즐겁게 놀았다. 관리[役人]도 소주를 지참하여 왔다.
11.17	관리[官人] 집에 초대되어, 주자가훈(朱子家訓)·서화 등을 구경하였다. 작은 족자 2폭과 과자를 주었다. 관리[官人] 집안의 여인들이 일본인들의 옷을 만져보았다. 그 여인들의 의상에 대해 기록하였다.
11.18	관리[官人]가 이불·수건·큰 보자기·신발·대나무 궤짝·담배·종이·솜외투 등을 주었다.
11.19	일본행 선박 선원이 와서 과자 등을 주면서 우리가 나가사키로 갈 것이라고 알려주었다.
11.20	답례 차 6곳의 관청을 방문하다. 관리[官人] 집에서 과자를 선물받았다.
11.21	각자 돈 50문(文)씩 각출하여 고깃집 성후이[勝会]에서 술을 마시며 즐겁게 놀다가 저녁에 귀가하였다.
11.22	젠자에몬이 중국인 통역관과 싸웠다. 테이지로가 젠자에몬을 벌주고 중국 통역에게 사과하였다.
11.23	우리 중 13명은 25일, 나머지(13명)는 12월 초에 승선·귀국한다고 하였다.
11.24	일본행 선박 사무실[会所]에서 접대를 받았다. 호궁 연주에 노래 부르며 즐겼다. 새벽에 귀가하였다.

날짜	주요 사건
11.25	26명의 전별연이 유력자[豪家] 집에서 열려, 정장을 입고 참석하였다. 넓은 방[20疊]에서 융숭히 대접 받았다.
11.26	관리[官人]가 와서 1차 승선자를 정하고 선박까지 환송하였다. 출발은 내일이라 하였다.
11.27	해상안전을 기원하는 희언(戲言)이 베풀어졌다. 테이지로 등 13명은 희언당(戲言堂)에 가서 구경하였으나 전혀 알아듣지 못했다.
11.28	인근 도자기 가게 주인 위안유[元由]가 테이지로를 초대하여, 그의 모친 등과 필담을 나누고 또 선물을 받았다.
11.29	일본행 선박 사무실에 가서 관리[官人]로부터, '경석자지(敬惜字紙)'라는 글이 적힌 종이 26매(1인당 1매씩)를 받다.
12.1	관리[役人]에게 장수를 기원하는 일본 연중행사(12월 1일 먹는)의 떡을 부탁해 각각 5개씩 받았다.
12.2	에이스케[永助]가 병이 나, 의사가 왕진와서 약을 지어 치료하였다. 관리[役人]가 옆에서 간호해주었다.
12.3	남은 13명의 승선이 내일로 다가, 지인들이 술·과자·잡물·담배·종이 등을 이별 선물로 주었다.
12.4	작별인사 차, 정장하여 관리[官人]의 댁으로 가다. 얼음설탕 등 많은 선물을 받았다. 거룻배[橋舟]로 본선에 가니, 선장이 각자의 이름·고향·주소 등을 각각 물어 기록했다.
12.5	새벽에 자푸에서 출항하였다. 조수 흐름이 나빠 바다에 닻을 내려 정박하였다. 밤에 순풍이 불어 북동으로 달렸다.
12.6	자푸에서 멀어졌다.
12.7	강한 풍랑과 눈발에도 중국 선박은 일본 선박과 달리 침착하게 운행하였다. 북동 방향으로 달렸다.
12.8	북동 방향으로 달리다. 선장이 정장 차림으로 해신제를 지냈다.
12.9	바다 색깔이 푸르게 변하였다. 북북동 방향으로 달려갔다.
12.10	바람이 강하였다. 북북동으로 달려 갈색 바다를 벗어났다.
12.11	바람이 강해 좌우에 기둥 2개를 세우고 돛대 2개를 추가해 북북동으로 달려갔다.
12.12	바람이 강하였다. 중국인이 망원경으로 고토열도 메지마를 발견, 동북 방향으로 달렸다.
12.13	동북동 방향으로 달렸다.
12.14	메시마가 보여 정오에 고지마 열도 오세자키[大瀬崎]로 향했으나, 강풍으로 저녁 무렵 아마쿠사[天草]의 사키노즈[崎の津] 부근에 도착하였다. 일본 관리[役人]의 배가 와 중국인과 필담을 나누었다.
12.15	관리[役人] 선박이 와서 사키노즈로 입항하였다. 도오미번소[遠見番所] 관리가 와 표류 전말을 적었지만 아직 상륙은 허가받지 못하였다.
12.22	사키노즈에서 8일 동안 체재하였다가 출항하였다.
12.23	나가사키[長崎]로 입항하여 표류의 전말과 각자의 이름 등을 기록·제출하였다.

『청국표류도』원문

빈 페이지입니다

『청국표류도』 원문

朝鮮屬島之人物付船

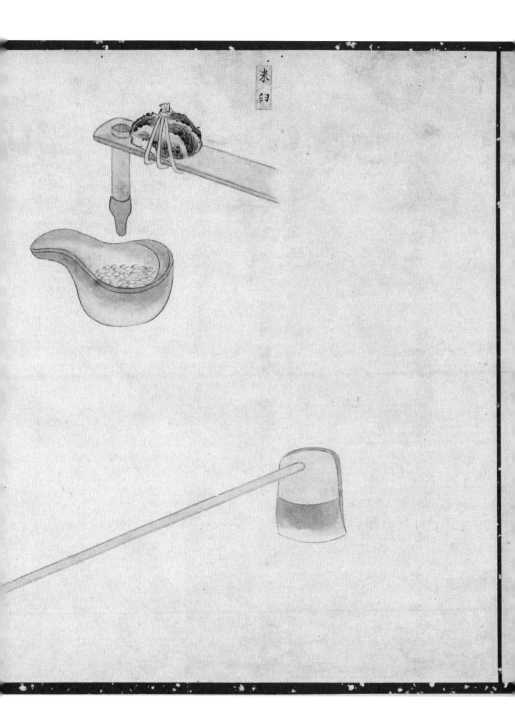

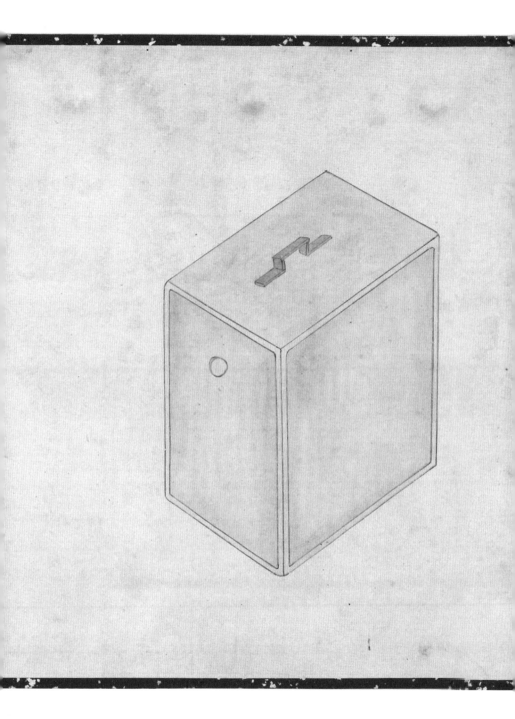

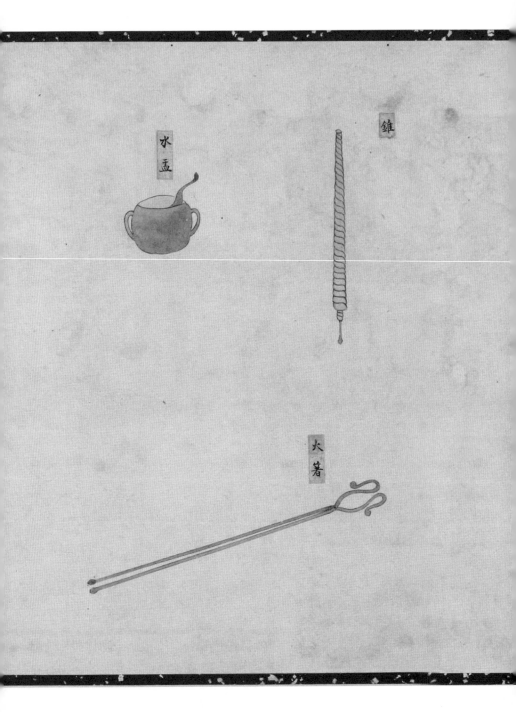

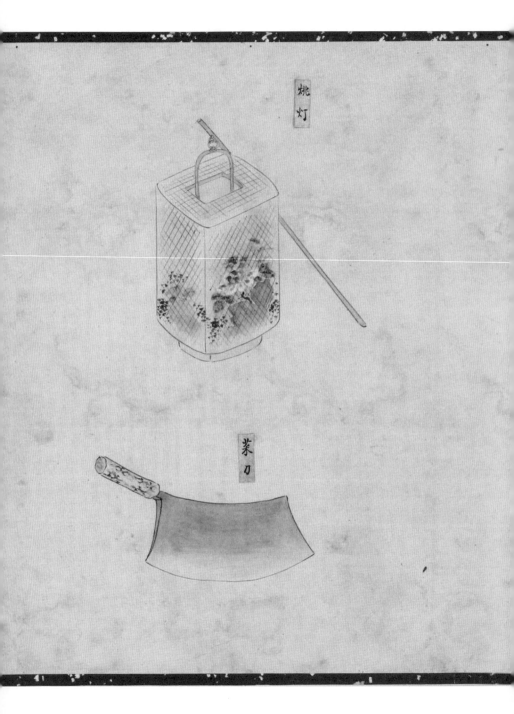

挑灯

茶刀

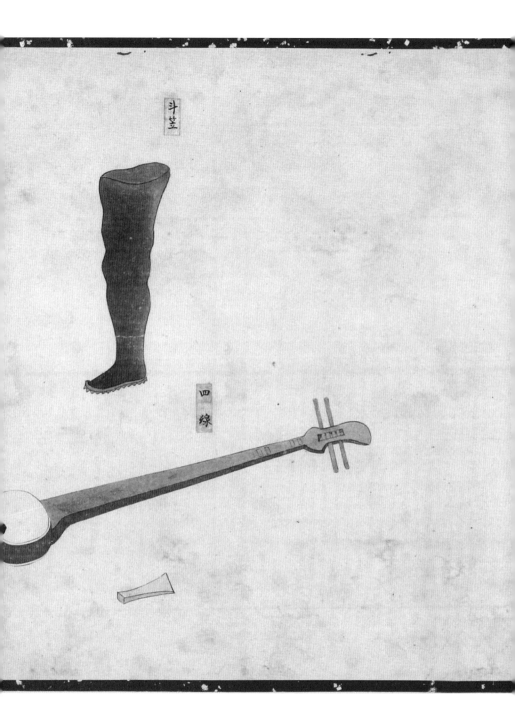

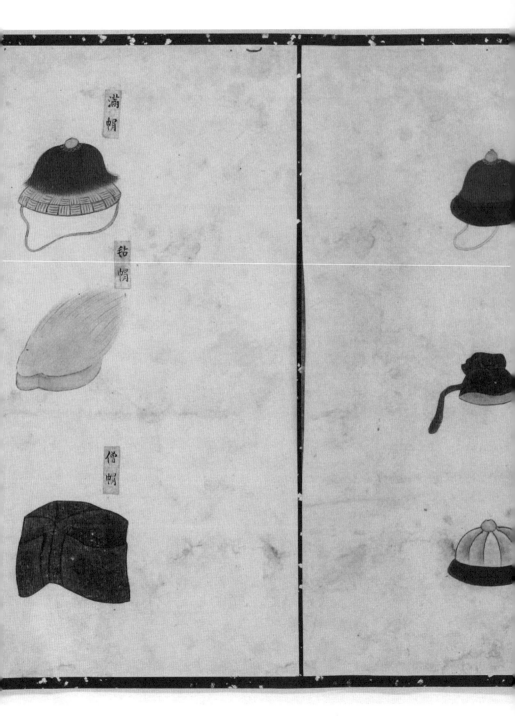

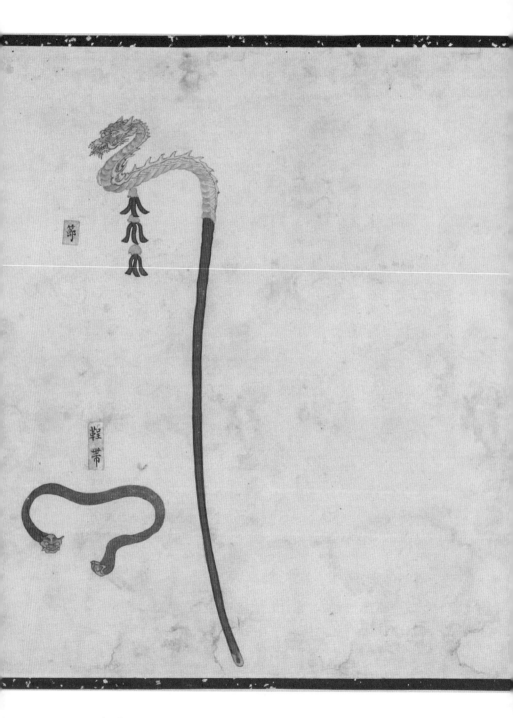

節

鞋帶

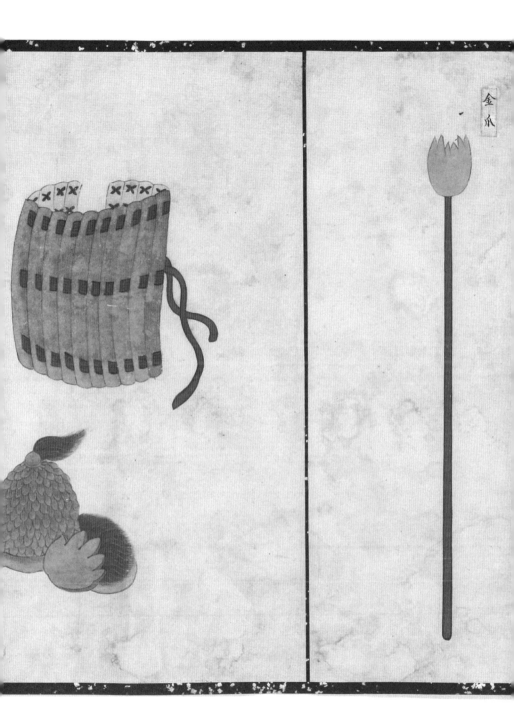

金爪

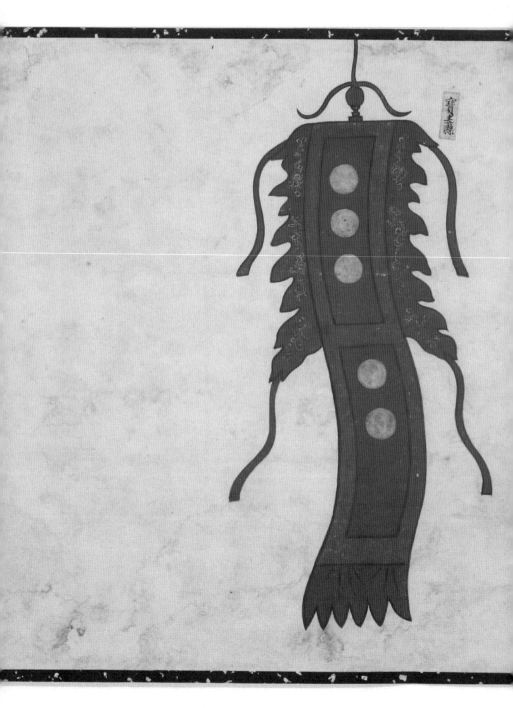

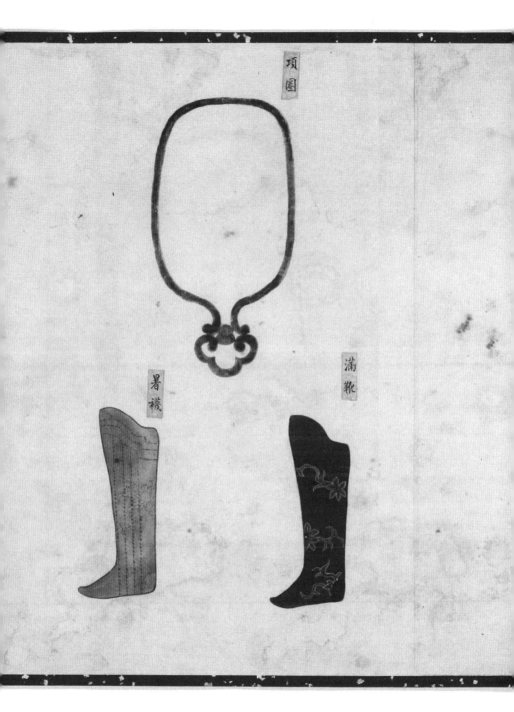

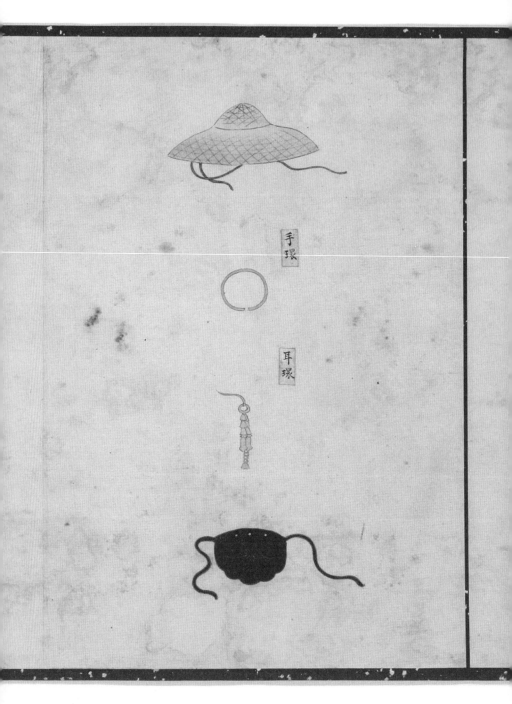

手環

耳環

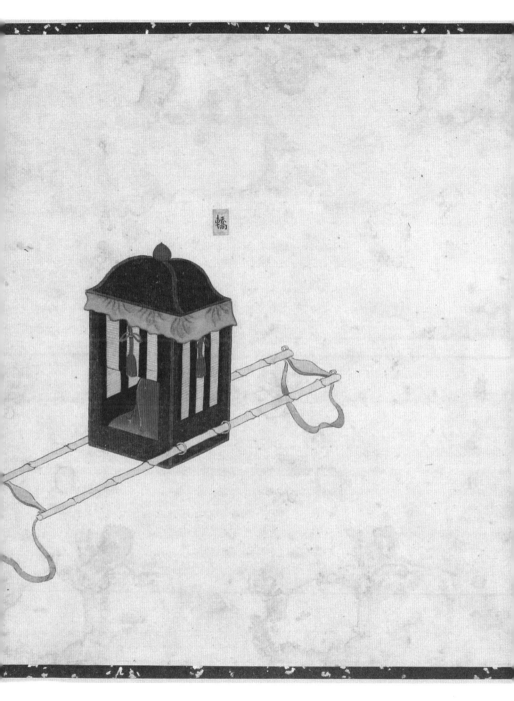

『청국표류도』원문

僧来乞米

佐浦出帆

○十二月四日　陰天　本所ニ役人并案光之官人なとも参り亭主の所へ暇乞ニ来られし
ところ亭主ハ服紗改め雑(?)をきて北付居の唐人共に一礼をなし　いつれも客人の所へ
来られしに客人ハうちより出迎へ一人を呼よせて掲物四幅と又朱塗の丹荷をさし上ハ
龍眼肉を入たる席に氷砂糖を添へて贈り与へられたる　海渡く出たる席に
客人四頭役人数十人暇乞として送り来り　客をも浦中の恩を謝して
厚く志しか帰國の后ハ恋る懇なり　客役もともに離別の袖をしほりける
渉りて出たりけるに橋船に乗てゆくこと凡一里許にして本船に
到れり此船ハ徐若舟なり　彼是丁寧なる事なりける　七時分に住居を
換へ此船の料理ハ五椀の台子にして菜ハ肉類を用ひ此（素組ハ拾合　乃十一人なり）此時徐若舟ハ
机に倚りて出たりける一人の書記をよひ唐人を一人よひて人名冊を記録する
書冊を出し　名氏國郷を尋て書せしむ故ニ厳重なることいふなれハ名氏
國郷を尋ね記し着船せしハ長崎将軍よりの命によりて姓名を記して提く

戯言

朱塗の丹莠の中に朱提灯の燈く……持参……一人より五行を…
…（○）三月二日　陰天
　水主柑目の永助病気……なく醫師診察……
西人代り立て……家人と自ら来て……石又奴人一人に…
…付て絵を……養成夢し夢……寧……過たり　○三月三日　晴天
…京船に明日……知色の人に……て温養子我……これ渦の
…草紙類を数多持来て……人の絶間する…

其文小曰敬惜字紙增福益壽惜字之法或有見間迅宜上緊立時收取併婦

一物積至朔望日期淨手焚化少則小包多則大包送入大海隨風滅跡不費

財之功德堅心永久必有好報再能勸得一人依法敬惜即有一身之福報勸

得眾人普同敬惜即有無量之福報試思惜字獲福褻字招禍兩字並泰大相

懸殊至喜於寫字尤宜惜字若任意塗寫隨地拋棄罪加百倍此之謂禍福無

門惟人自召也亘古及今聖經賢訓善感惡報應〻可證但天下之大深山僻

壞恐未周到固知利害爰成是啟廣勸樂善君子及早修福知之者加意敬惜

宜堅宜永不知者猛省奉行毋忽毋間功德奚可限量謹啟

　純陽祖師延壽育子歌　　汝欲延生聽我語　凡事惺〻須怒己　汝欲延

生須放生　這是循環真道理　他若死時你救他　你若死時天救你　延

生生子別無方戒殺放生而已矣又曰　凡人在顛沛患難之中　用言解釋

上資祖考　下蔭兒孫　推人與扶人皆是一眼手　讚人與隔人皆是一啟

口　寧使扶人手　莫開隔人口　人若依此言　生子增福壽　人若依此

　前程永固久　鳴天　　洋隱子敬書

勸　十二月朔日

○十一月廿七日　陰天

佐人来りて先達の十三人の系船は今日出帆すると云るによつて

海上安全の為あ寺南く杉にて戯言を奥りを残十三人は官人より兄弟すやらの

るを以て故ふ衣服を改め佐人と列之寺のち門二位入りて戯言堂ふ

正面く中る佛三体を安置て　左右く豚二疋を供へて中々幌燭数多輝て

其向は舞堂を搆へ左右く楼りり我們戯棚と内正面く焼く座敷とやらて

楽婦とえ故人数多群衆郎し姐々るるまち銅鑼を打ち笙と吹く込み鍾頌の

あくるを後まちりける又一人は稚子とらせて笑へ且九付合つ彩理戯桟て

さして惺使るのを此て大子を笑ハ且出目人多く申々女

表楽官人を事通事として搆挨す且一回ふ術姐地人多く申々女

人々居ハひい此を君て戯言するくハ婦人は一物得らるふ姐又まへ人々

搆くの馳走りけて思入次ありる表入何分了媚宿没せし姐（十一月廿八日陰天

近達の焼鞆店の主君は元由とり此者不図まり多密所を指し火リケり

奥の二間り列けて先茶鞆饒しむ相与元由は城郡のこ葉戯饒新りけりり

又洋るり考んら頓吾年長ある女二人いて一人は近西の撰行て元申く持して

　　　　　　　　　　　　　　　一人は元申母より

やし洞は妻あるま子一人る室と養おうの女悲膈の親して手捩ひる煙華一包と

尋り指徐父母あるまやると聞ふあるを兄弟は義人と聞山ミふと養山又妻子を

庵地生の輪掛肉勝次の軽煮する大鮃く豚のいろ鮑する乾鮑の酢も地
にて煮するあり海荒とさ人鳫に合するあり雁に芋と羊肉堂
大根に鵞肉と燕巣に煮するあり鯉の九煮するを砂糖の飩入るる勝郎と
葛个地あるくるあり案肉を入るる湯絵拵るものあり座端く芋大根茶芋と
煮するある大井い品あるの事都合十二夜入る飯を乞虹緒すして呼の虹
搗擦するし昼應の次末忽入室する夜入るを緒擦して呼の虹十一月
廿六日　浴天　客人二人来案十三人今日案船さしむそ人数を乞けは事六個所
案んとくしまに入候路りの候處くするし坂井娌目の者四人種个島の者五人
指宿の者二人壺水の者一人今和泉の者一人舎人を訪く名書せていきる
宇て候虹好るもり海涯近松ら送をりして客人三人餘るを飲すて
弁々出帆は明日るりそと之案

○十二月古五日　陰天

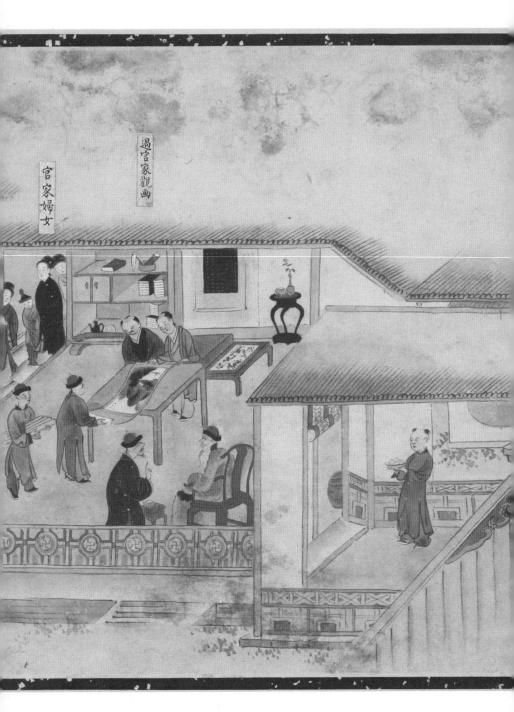

官家婦女

過官家観画

大きなる遂ひき奥の房又通る宴室に蓋ハ紺色に朱にて家訓を金字に書きてありかけ

若て橋子に傍正てありきつつ床の反紺地又朱子家訓を金字母室にありかけ

ものを捌又四人して多くの書画を抱きたり机案上もちして親せむ一間

口もて婦人三四人窺見る松なるもの溝ハ倒そく手もて衣裳なと多く変て房

香薬都ちて美しきものと言葉く速めるつ道もちて茶を出し雲片

糕と煉物なと大諦ちつて出ぬ又彼の婦人我邦のきせるに煙草込鍚の

第に入臺形と捲せて見をのむ衣裳ハ黄ろ絵とつめ頬に入天蔵鍚の

遁む言ふ主小捌物二幅痕を臺子額沈大諦くへ入て捲せ勝るぬ

せつくく主小捌物二幅痕を臺子額沈大諦くへ入て捲せ勝るぬ

官人参り○蒲團大小二捌 島織木綿 ○手拭一 島織 ○大風呂敷一枚 假通織 ○十二月十八日 陰天

鞋上下二足 綿入一枚 鳶色染の ○綿入羽織一枚 黒深の黄 水孫なり ○裕羽織一枚 ○

花色のみけちく 竹行李一箇 鼓綾 ○割煙革二包 ○紙二束 二ろ枚 右十二ろと每

妻須黄絵なや ○十二月十九日 晴天 本朝船の水主大縮もて

人々興味故み厚禮して謝むぬ 近所の臺子數勝るつ ○十二月廿一日 陰天 早

近く長崎へ送到ろ卣しつ捲くの臺子數勝るつ ○十二月廿日 陰天

於り通事乃業内もて勝物れ禮也もて城内の吉不六年来りいまほり

あきり家又自身いて臺子と勝紫黒く ○十二月廿一日 陰天 近所の

嫁會り到る暁もにて十六人錢五十文作を携へるつ

ろして表入河分り帰りぬ ○十二月廿二日 陰天 橋もて日論ふきつてかくん

314　『청국표류도』원문

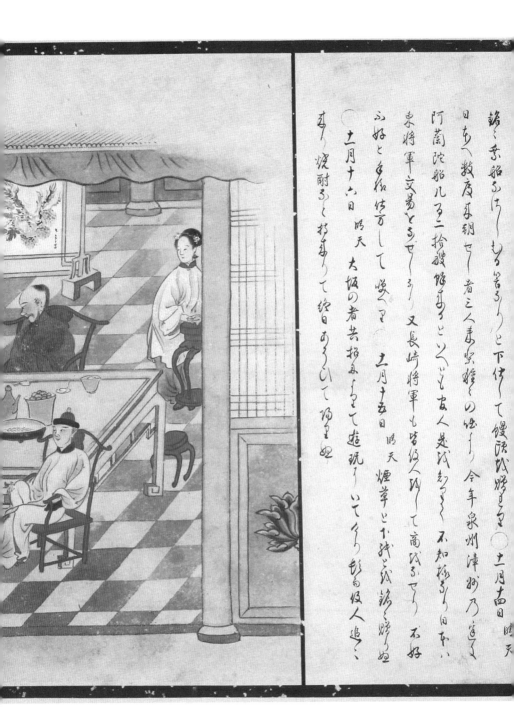

諸々其船ふた〳〵もう答ろく〵と下伝りて饅頭なと勝手にしつ〇十二月十四日晴天

日本へ数度手朝せて者三人素紫樺のゐ子今年泉州漢かり乃連て

阿蘭陀船凡至二拾艘帰をて〳〵ゝ古人是武制るて不知極るゝ日本ハ

東将軍交易とるせて〳〵〳〵又長崎将軍も皆後人かり〳〵て商成るせて不好

ふ好と多ヶ給付るして笑て〳〵十二月十五日晴天煙草と不我成諸々勝りな

〇十二月十六日明天大坂の者芸指みゝをて遊玩をいて今ゝ諸々収人ぬ〳〵

す〳〵焼酎るく抄まゝて智ありゝして埋里如

先年坊の津を出いて破船をあるし人数五人手荒言語も粗通じてあるる右

なるしい其砌に将軍の大奥御蔵菱やして流向我等志じまの中に手長

有虚者のい名薩州役人皆好通事不好其左いらあその庸圍れ揚成

破りを含く人の差をきまめいきる又嫁さるるのを下駄を與い房不好

大清の役人いぬ何とつく大き殺よるれるい妻多志くを二く減し

志向一姫○十月十日陰天浴堂よいおんじい通ろ事ろて二くを残る文

作成其人姉浴堂い髪師足の爪取或い胡劇られをんあんたるくたる色者

志を揚下毋ば皆去り多く物を與小く継来の人残又い芋志ふとなる

志る姫○十一月十一日陰天佛詰せん事成清小通ろ支来る物を残て其様

一同まだ成かる今日い小人教志て路い明日ばいて継項られ物き技く

十三人いて寺毋ば小ち北の方ろある有の内万嶽を行て走のあるろ役人

追こ走りて官人より鐙屋るミて志いんさ人るきて継ろ釦ろ割る整

付眺金まる一向山嶽こ小志い役のム商船其教を志くを方に

徘徊して表入何分て物い姫○十二月十一日陰天宿さして下の楼を毎日

大勢群集むしれ不来捉るて役人へいれ倅ろ唐人日志いりろてとさ尺

日本人名るろ者ろ倅等も珠君なるろといる○十二月十二日両天朱朝船

の船主徐彦毋こいい嫁志未ず其我末潮汪くみき蘭船いをて倅筆を

○十月三日　晴天　役人書曰今日送到嘉興縣此日近浙江へ浦在す事七里や

役人數十人送り寺のごとく轎二十六乘をひき來り我等をいざとひ群送すと

ひとも又あやしく諸くのうきて大道もうぐ雪の南とうごうか大るゝ石門城門をゝ

遊客

○十一月二日　陰天

役人小僧と寺内の家通り……六十歳ばかりの一人家賑ひ……

……の河道を左右柳絲多く生茂る……又……大なる楼船六七艘……又役人……

……て彼乃船を刻んといふ……処舟残……て楽せり

……三人ありて……処船市三所く商家の座ける

……の地を帰るくと掛かり……焼酎や酒乃弟の看板……てことむ

妓女役人へ何……小頭いひ……虻女……走り屋……戈拾て……

……月琴胡弓笙三絃を持て……く興を……事又……や

夜入何分より寺を帰るや

○十二月朔日　陰天

杭州市中

乍浦

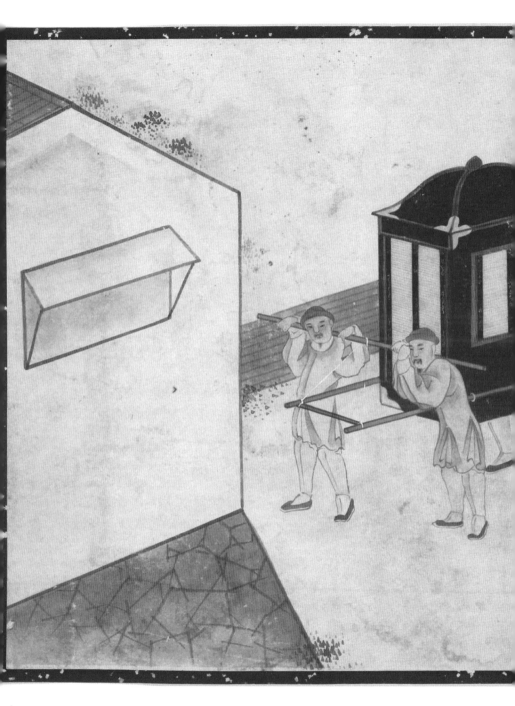

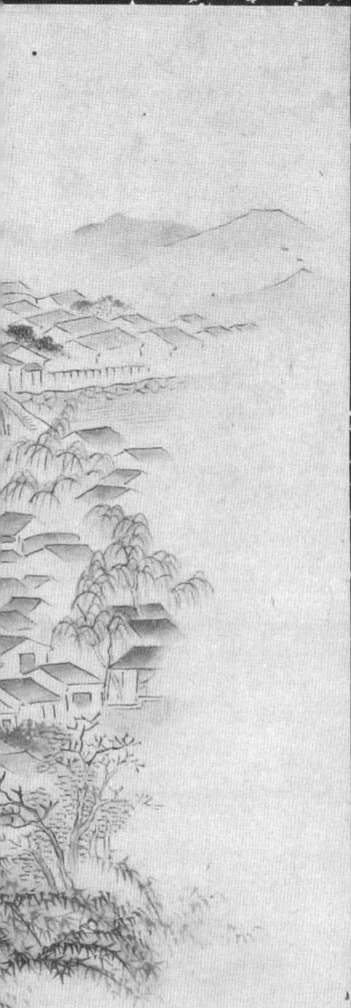

○十月十五日　陰天
全温縣といふ小村出るこ高き三文路の石橋し
西南三町斗金色西岸く河申十間計込傭て家を作り
一丈坛え父西の柱八朱とりて塗り

斎る大河東
下い皆九柱タりて二々
都尾蒼りしろのある多の武器ハ

富家裏口

〇十月十三日　陰天　……行程五十里　日本里……六里……

……

〇十月十四日　陰天　六

楓橋

姑蘇城

寒山寺

濡米あつて其價小名たちあつて給もの
右欲求器物使街吏得答曰為交易而帰國可處刑戮是日本之大禁也と總
人救銀沁收て拝謝せり　先次所へ　銀包又難夷森山貞次郎即變價給
銀一百六十二両と寫せり　　　十月廿二日　明天　を人書曰發此地送呉江
縣水路三十六里　日本里数　會事を　半の役人十人許を　十五知
帝中五丁許沁過て大を川筋を　橋船平艘沁俱へ人救沁を
をもも又油りてあをを餅沁一童ん人を勝を八何分へ船をも
大河西を逹り大を目鏡橋を引　總を事目のさを厚りて三所穴の
移まして長き二丁許あを　五文館幅三間もあて　書曰此橋何名収
人差へて是楓橋と書を又先小目鏡橋の崖あるをまて東西八部を廣堅
をもを富をを　牧を足の馬羣廊を　七何分呉江縣を入て大を
橋淮を船を繋蛇於く　人救沁汝を引廊きり横州の古人は
船まりて書沁讀廊し我们ぬきいて厚礼せしまをと捧して一禮沁
をしてお蛇をきまり呉江の役人たをく紙類をおまりて贈きと与ふ半を衣へ
何分り船をもして蛇

350　『청국표류도』원문

いきう　我琉ハ蜜國の産物ひ……又吳服ハ……砂糖類ハ福建臺湾……錫物の價ときく毎ゑ寫て目

○木綿布鞋子價四百五十
○木綿布每尺廿四文
○紅緯帽子價乙千一百
帽價五十六
裙價六千　女着
紬夷補價二十四
西紗長衫價四千文
緞子馬卦價四千六百
千
○絲綢小皮馬卦十千
四千　○鵝登紬馬卦價壹千八百

○木綿布襪價三百六十
○綿紬每尺一百文
○木綿布袄價乙千二百
○木綿布短衫價四百
○木綿外套價乙千八百　女着
○木綿布裙價五百廿
○見紬長衫乙千八百
○夏布短衫價四百八十
○絹綢馬卦價四千八百
○羽毛馬卦價弍千四百
○路三十六工一里每工五尺

○紬鞋子價八百四十
○木綿布夷
○緞子小帽價二百十
○紅絹紗裙價十千五百　女着
○木綿布長衫六百五十
○木綿布馬卦價乙千二百
○木綿布外套價二千二百
○木綿布小皮馬卦價五千六百
○綢紗小皮補價二十
○找門送他

○紅絲綢
○木
○木
見
○小泥馬卦價八

大官人請看此地衣件說明價间此地動身五十天到家內父母妻子以可放
心保育早ニ到日本國萬事放心可好可好　你門放心如有國法送到日本
國还卿之日可好　诸品々何毛……日本ミ七る……下……

十月

滨天官人三頭小去拾人妻……

氷砂糖一斤八六拾文より

白砂糖一斤八四拾文位より 黒砂糖三

粉朱一斤八四五百文より又八三貫文

鼈甲八八貫文より拾五貫文

食事を...る...む...料の...声...中...大井...豚肉...煮大碗...羊肉鶏

肉鶏卵...用...小皿五毛八清...早朝...粥...一日...二度...下傔

四人下傔二人為...何店...如何...滿...粥...

你是何名...書...○十月十西日　時天曙光

寺の近く...絹屋...織...男子...何分...年四拾...八...

...女子...織...皆男子...

...墨路二枚...二張...小書籍...山...

...初白巻詩評三本在傳...剣...礼眼...

...脇差...上下...徐服...○十月十六日

...帽子...衣裳...仙...　陰天　年五十餘...

七八人...水晶...○搬起米六十四包有實米多少　答　元米日本之包

...書曰○搬起米六十四包有實米多少

...答　二十尋三尺　○澗約幾丈　答　七尋　○米每斗

有三斗　○己湛原舵長約幾丈　　答　二十尋三尺　○澗約幾丈　答　七尋　○米每斗

價多少　　答　日本每斗七百文　○鉄猫一口八百斤價多少　答　六十千文　日本の六拾

...此書...懐...收...　十月十七日　雨天

...官人...字紙...變價將銀給求送早送回國

唐人書曰是寒山寺寛々絶勝の地……

川幅二十間許にして家ハ川……石橋三ツ……

月下過此處

行程凡半里

甚好〳〵名残弛りて何も舟を没り〵やく思ふて唐人書曰是蘓州之兵

吏為関守商船中有武器者捕之挍賊船と〵〵八海沿と書り〵より両

〳〵筆多く由子り又何内沈死體の澤〳〵事其敗沈志〳〵を

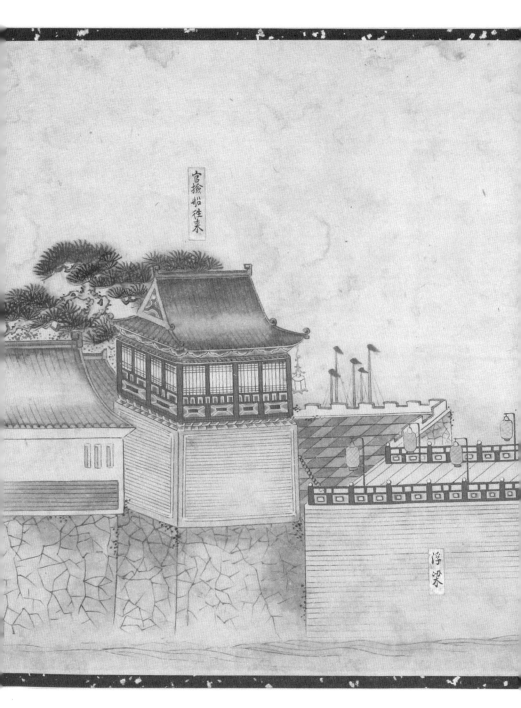

官
擔
船
往
來

浮
梁

長二丁許

五何かふ船ひ群ありまた多まし居所　問曰此地何名又去

常州幾許役人寫曰本常州九十里此地無錫縣頃る去役ありて人教るめ

更爾々書曰此去到蘇州八拾里　鎮江をもて兵器をもて役う引後や　にて船ひまして七何か

小一村の脈く荒まく玉う多府船ともむるう異様のをうも富家の衰ると

又て長さ二丁浴まして墨ねうもし主遠間舟ひりて蝶を亜をう板ゆと主

あるて又大うる松二本うまて胸ふの鳥う多捕色烏まて

まて限るき廣壁ひ室に西風く走きて衣入此埼かの関ひくへうま

るまく川中ふ左たうく三間浴薬地ひうして母橋と掛年一方うて錺をまて

是ひ繁きき左の方うた大燈灯ひ掛ちうた人閣中に勤まうを様うま橋ひ

さき五間幅二間絶く閣宝ふ小き跪て言ふ影う役人二人

東まて船内ひ没め餘を花まうて　母橋一方う　済まあ弓まて母ひ寡うぬ

るまて我船く村籠をを漫まきひき　小教ふ橋船伯まうる

あらて我船く寒府うき　我撰主三人大母脈ひ主まて七八人主合す論

たまく佻ふまう紙人教まう二人出て支まうる彼の唐人揆くれ為く捉て

玉狩き經す関ひうう　五六丁ひ主紀左右石垣揆ひて

金山寺近視圖

農家

南

鎮江府

金山寺

此邊見江豚多躍

送船四般

○十月十日 陰天 大河果ニ到り幅凡二里余（日本の里数や）とい如川霧深く向ふ
小島ハいふ川見へ申又法渡の波江豚余多躍り如左右ハ茶坊ニして人家
纔ニ四拾余見へ申頓而呉松の平船ニ艘ニきて我船ハ彼船の大勝ふ
くり出て走出し如ニ行ハ渡し船迷余多人の通ひ有り此方ニ小島近く
有りし廻り半里許ニして高さ凡五丁許有り朱塗の楼閣ニ連り
嶽ニ並つの塔有り又巌壁上ニて赤松或ハ楠の木など生茂せり其内く
山門有りて額ハ金地ニ紺字にて見へ凡十間余隔りし所ニ文字読かたきを
是ハ見て所謂揚子江の金山寺なり寔ニ絶景ニして画ニ有るか如く
此島の大勝ハ通り又半里許にして向の地ニ到て小ニ幅の小川筋ニ入
大きく橋の下ニ 船ハ繋如又東の市小堺郭見へ申問曰此地何名又自揚
州行程有幾許唐人答曰此地鎮江縣太揚州五拾里（日本里数六里余）此所陶家多

『청국표류도』원문

一翰林　一総督〔糸王〕　一撫院〔紅王〕　一孝院〔水晶〕　一主考　一佈政　一按察

一巡道　一知府　一知縣

武官

一九門提督　一提督〔將軍提督〕　一總兵四　一副總　一參將　一由吉

一守備　一千總　一把總　一外位　一秀才

頂玉　分紅玉　水晶玉　金玉　銅玉　珊瑚玉　有異同而同紅玉貴賤有差別るをもて引いてミる

〔以下和文草書〕

陸卸し霊く見物一四人老箱枳ふ娼ひて持て見物り引いてミ

その言うやう所ありて者助る色るろ其女楼郭ふろ頃百娼人のもの也

容庭よろな者ろミ武房ろふ皆娼女るふ書日向娼價多少るゆ老人るまもして

洋銀言両〔日本の銀七夕分〕にして伶有子と闘小無き郎と聞けぬ彼の娼

多く集りて言語の不通ふるもて色く廟界ふ者棲りて衣入るぬ人

より人数れ改めて城下の小路ろ伴むゆるゆ里遊ろして大榜れ

通ふ城門ろふふ封門るふ書子ろ頷あり又一丁遊ばるて大行すり

廊れ張ろう角ふりゆ方ふもゆ東兼るふ街るろこ入豪家の

裏通十丁様ふ左右の店屋婦ゆ龍れ掛妻人れ経妻

基毎し又三丁ばろして太ろろまふ店とゆ人数れ改めて帝中西引きて草中

人数れ改めて店とふ柏を貫るろお婦人五人婚灯正〔書中

の西方の里ゆ者里様ろ兆老れふ又大るる川行ふ出ろふ婦人大婚灯五張れ

十月九日　陰天

五河分揚州母〜〜〜心弓〜川幅二丁許ありて高船楼

船屋〜〜他〜搭〜て一人乗華の地〜搭城郭〜川渡〜連り

高さ三丈〜〜又人〜多くあり〜〜何事〜やらんと〜〜

首枷入〜者救拾人〜

〜貞治所書曰請問首枷者如何唐人寫曰

是罪人也童者下獄輕者如是日本如何問教曰日本之有罪者總有牢屋

之内不能自縦恣按揚州八城郭　丁仙芝〜詩〜所謂林間
揚子蟬〜山出潤州城〜　万八拾里許　日本里数三拾里

連了〜〜由〜〜我問曰揚州之官長在幾人乎唐人曰

一天朝皇帝文官　一四宰相　紅玉　一六尚書　兵吏刑工戸礼　一九卿　紅玉

此地多出紬又不知何名

通州城西門

混堂

一 ……小舟持多く出入す兵糸綢緞を多く積出せ……て家……

童児綢系綵……

又一軒の主出して寫日請問你們毎歳到琉球國為客商 答日間琉球國有南

海中不知何處又曰聞日本人常在琉球如何 答曰不知又曰汝是吐虚言不

好 答曰你勿誑人　〇十月八日　陰天風……て船は橲主共陸……引く

……左に廣田蕎花……て朝露冷く……新作の稲を

几日……水に穀苗……て……大木……の

一而 及く……小松楊柳或は我邦の黒木……多く又蠣少く

本なきとて……四五軒の枝多き梧桐……賀芝……

船城……む……尾城多く焼出を……蠣薪は皆葉菜を

燒釜は我邦の回……一人海に鯉魚を……風不順

なく……て船を……

人五人ばかり添ひて西へ向て船ばかり夜八頃分泰州へ行て姚灯ばかりと
り役人三人ばかり乗用して街の二階より引ゆき海ぬのさとて食店を
〇十月六日　陰天　役人書曰送到揚州水路一百五十里　日本里数二拾五里　キ六九せ
丁方の屋舗ばかり四方都ぞ去蔵家にて鶏を∿∿を∿玄関∿正西∿∿∿
九∿分役人但ひ行ち友∿の大門て∿時∿∿∿様ら猶∿∿て∿∿四方∿
飾∿∿竹の程∿八を立上八緋紗綾∿て∿∿程とりて∿∿∿∿∿∿∿
瑠璃燈八門∿掛あり左右∿∿∿∿立楽器∿飾里絳衣ぎ∿∿者拾人許
∿∿∿∿音楽∿始め異称の∿∿∿∿∿∿∿∿∿∿友人出ぞ∿我们路く
∿∿∿∿∿∿∿∿∿官人ある∿∿∿∿∿年齢甲許∿∿∿て∿∿∿∿
人ぞ∿∿∿∿∿∿て完甫と美し書曰勿愁回本國毎人銭一百文贈∿∿∿役人て
大ぞ聖館あり∿立お∿∿∿∿∿∿楼下の尾畳∿∿∿と三丁ばさて共開く
大河口∿出築∿∿∿∿∿∿海生教人∿∿∿∿漢書∿∿∿∿
∿∿∿∿∿∿∿∿∿∿∿∿ち海我雅く年此
二拾計の婦人∿烏∿∿∿∿∿船の戸∿開く入∿∿∿∿戸の遠
間∿∿∿∿小産を∿母其子∿倒∿∿∿∿∿て痛∿
其夫男子∿供∿∿∿∿∿∿∿∿∿∿∿∿∿奥∿我们∿∿吉慶日本人好
好と抱き筆∿字∿∿∿∿∿∿の∿肉∿寄興∿∿我们∿∿∿∿∿
∿の∿∿∿∿∿∿∿∿∿∿∿∿∿∿∿∿∿∿∿∿∿∿∿

玉城に着き首尾連玉城掛け自書曰你们無恙送到回本國毎人錢一百

給日本人城二人作り唐音に應て々級人袖を引く城の西門を出くゝ

并満槽と云ふ石橋城通り大なる川邊あいて一新の茶坊を出て茶城

伏むれ々萍州の巷と云へる道中流坊すころの海城飲と多く手をとりて又々すもくこ

萍州より作て日か　　里數几三十

者源城搆へて送て到るて事且々登この

済漿肭く迫をて實を々さお雜を々そらり又一丁萍城をさくゝ奇観る

楼船五艘熟らき一艘み五人作く城のせ表く本と々て鄰なる戈次有るゝ三本

作く廿々り銅鑼城掛るり船中左右り沐あゝ中と卓子と編く形を

役人錢拾々文扔業るて茶肉野菜類城買る頃い撐主城作て錢城

るりて續掃とみへ又一人饅頭城撐へ舟をて小々分西へ向く船城

るりて疾く走を四時分如皁驛へ差り形る平身く休息とゝり

出うて民目を風雨く樺主陸くて舟城いく

住さいき塔門城二阝入をて姉をと茶市中を通り一新の家肉引り男郎あゝ

去藏るゝ其中毎列をき林城作くと界人形る新經城あゝ平身て街五丁許

め々友々化々と共み友々引々々々友名按察見るて對面し書曰勿愁送到回

○十月五日　晴天

書曰此地去到泰州水路一百六十五里形る食るゝ城るりて塔門城出文本の楼船る々級

本國毎人錢二百文贈と皆一同く拝揖して塔門城出文本の楼船る々級

○十月廿　晴天　官仮〇〇〇て書曰此地太到如皋縣一百三十里　拾二里館　日本里数九二

水路送以樓船と〇〇食事〇〇〇汁ハ味噌とやて茶〇蘿蔔ハ〇〇〇〇

四ッ味噌漬の蘿蔔〇〇又帽子〇水晶の玉成いとこ　官人轎〇三人〇〇〇〇〇〇〇〇〇〇〇〇〇

官僚忽於是

綿行

貞女殉死之墓

取泉灌於田

水臼

琉球廟

日本人宿於茲

興邊摠茶坊

○十月三日　晴天　東明小役人まうて書曰今日伱們發足送通州有陸路八十

里二里ばかり　食事ひ……一回ふ友子へ列ゆき玄関の左……列生……め

友人書曰伱們送到江驛省毎人錢一掛八ふ文り　衣裳一个贈　木綿の袢入

答　謝大恩と書せり……八青銅の……て衣裳……沙汰……その日

友子より書曰衆人蓋蒲有否　答　他不足我獨足……袷……剣……

一人の役人まうて出友長大ふ驢を二人して……五間許引かけ祗城到りて

申して竹もて赤ける三十枚許り……何ほどかくて蠟かと……

一人は驢荷もて行……一回ふ……遠者せ……なと……と

るとして鞭圖役……て馬を騎足……右一回ふ厚……いて

海人ほ載せや帝中泒五丁許遇て村證を切り……小者泒知……いて

玻璃廟小遇をて大輦拾三乘小輦十五乘引き……三丁……

共和の人々追々親子相伴……て……影……不里及の緣あ

まて……名紛衆出……て源泒する……て車泒難め一軒の茶坊まいもて……途中へ郡官棉當

……三村遇て宵村……源泒……一軒の茶坊まいもて……源者を

出……畫版をよくしむ途まして寢るふ

石屛

兵

濁米布㒵

雖遠海相隔莫用憂今年全河得旺庁呂也ニ主ンて主ハて主んて主
素主て願与小七何分厚ンて廟不順主姫又瓊瑶廟その不儒去めさて一紙
以抔主抔て願ふ國近扶桑出日邊屏藩夏巳千年海天阻絶錢無路聖世
遭逢自有縁言語雜通濡筆墨衣裳最古帶雲煙莫愁流落遅歸島帝德宏慈
必予旋貞次卿七律 聖賢論語教中原化被泉邦尚書存七道三畿人共學五
和暗日本國
常四德衆宜敦不徒莊誦道文藝全在躬行率子孫翼戴天朝安土俗萬年莫
貞次卿七律以贈
頁大清恩結句恭集 御製詩像日本鶴釘口古七律以贈
玉山 十月朔日
鳴天廟の移ふ大書─て 聖誕生日に張呈她近ツさ主ふ主句望らして方一間
二把紅姵焴二本完を持來主又廟内小寶藏とりま主ふ句望らして方一間
行り夫不紙讚ヘて金紙して切ふさ主錢を生載まて燒捨めふ三日の間火不消
二日鳴天袁歸とふ富家主ふ潘圭中の燍彬を施けしくて米拾錢
又日奉人尺約の人數鵞写りて沖ゐてあげふふ豆数以多く願る主○十月
日本の拾 五斛斗
瓊瑶廟のふ桂女歸へて曰洋州袁歸以米十袈子
とふ錢拾子文 日本の拾
低い 黃々文
錢十千文呈日本之衆位惟助容中之費耳ねふ相捧─て厚く御此

○九月廿八日　陰天
貞次郎善助友永...

濡茶六十袋其外本船の荷を物は...人のもの分かち...

昭�머...言人首枷城金譲...

物価自賣乎否　答曰欲賣不能唯宜任君計又曰至大蘇州變價給銀...

厚くれとして謝し又曰日本米三斗價多少　答二貫文又曰鐵價多少

答六拾貫文扺拌...日本の五金拌...書紙...人自収...

一冊以抵...押自...七河分廂...

陳...別立て孫屋の二階乃八畳舗許...白塗の壁...関胡の...

九月廿九日　晴天
例の...

巫女說祀

○九月廿六日　晴天　廟內ハ男女五六人あつまつて線香を焚ゐ折〳〵一人の老女賽社

の装束を著て毛氈をしき婦人の衣裳にて稀なる形をなすゐ又紙をとりて

指城作りて倒るゝ若此女と二人あり念佛授る事を婦人祈りの如く

さも笑むあるゝ上ひふ云と其れ何ろやらんと思ふゐ不通揖すれ〳〵

妣邦の梓至抱れつゝ病人改めて臺地ありしつゝあるまて　○九月

廿七日　晴天　皆列立浴堂又ゐゐ唱ら乃人の集ら〳〵立あらて居る

街々大勢屋敷すゐて博奕なす實を立て獨来の人皆是銭一文代をして

顔〳〵て日本國ゐも〳〵やこゝろ多あるに答〳〵ふ銭一文代をして

しても日本乃て氣食粥の養をてゝ皆乃人生とるをゑに皆城地きと

しゐ萬一乃を移ゐゐ噌見やて茶菓と求ゐ海を飲てゐゐ

廟子の茶寶ゐ立あゐふ二人年長とら云ふゑ書曰此地中華國江南省

近東海洋有三國隔連朝鮮國琉球國係日本國人氏三國内遷長有人

往來約想二十餘人在江洋内客商失風到此地江南省海門二府地界地

方官己申聞各憲不日尒寺俱往江南省大憲下問明申奏中華國嘉慶萬歲

尒寺回往本國無用憂慮尒寺知之　答曰得穩心者實憑大人之深恩謝〳〵

滅不實情乃人をゑ見ゐ〳〵後も無あゐて〳〵あゑ厚祈〳〵てゐあまゝ

〜〜大庖丁〜〜〜三〜〜〜昔戎切〜〜三〜〜〜て〜〜〜〜〜血滴〜〜湧出〜〜

〜〜〜〜〜〜異〜〜〜所毛縄〜捨〜〜〜尺〜〜〜〜〜〜〜〜〜〜投世〜〜〜

〜〜〜〜〜〜〜〜實〜〜〜〜目〜〜〜〜〜〜〜〜〜〜〜唐人二人〜〜〜〜書〜て

日該處海門府地方官往江蘇省閱見上司不在衛署內代四五天同署分發

尒等回本國靜侯在此無用憂慮到有地方官送行○十年前朝鮮國失風到

此地有詩一首初分天下一統天你分中華我分邊中華到我承寬代我到中

華命倒懸我等一命何足惜八句老母實可連○九月二十五日 晴天 唐人来リて

書曰汪源救漁舟在崇明縣官長差兵悉捕之〜〜漁母の船頭小謀殺〜金

仰天世〜〜官及二人〜〜〜〜急〜〜〜〜我〜〜〜〜大聲〜〜〜〜〜〜〜〜

長之拷問及三日と其罪人輕筆のこと〜〜〜〜〜〜〜〜〜〜〜〜〜官人

〜〜休日本人の為〜〜〜〜〜〜〜〜諜戲せ〜〜〜〜〜〜〜〜〜〜我

書曰臨汪源之難得生者偏頼漁舟之恩也故有報以財舵之意唯恨言語不

相通彼雖掠奪何罪之有於乞友及罪人共不能無〜〜て毛書紙成〜〜〜如

又衜の太子の最〜〜〜〜〜〜諜〜〜〜罪人を助〜〜所好〜〜意〜〜

○昨夜呈大人之紙棠大人諭明日獻友文令已在此候駕將友文贐下為感

大人照

襪の肉もて一万許の牛車の雜沓より其掃き去れ首けらること凡三十
杖許等句側の官人へ託れて大老爺々と詫を入申上ことに
託り照りて又三十杖許うちしむ内外白木の臺に紺染れ綿布数十場に
載来て杖子のや立き大老爺自来りて挨拶ろれ杖頭に捨て申攤なと
手かいして生れ死そ側より次人口あつやれて只老爺見れよの言ありか
協議二本死うち出れてしつく実に感心の極り及同形の内々
能く捨護そせしの事もよ年句友人は行列死に捨攤帰里言て又一人さる
先生死各の子のふ綿布を姉をあけやしれ死けきる小其病くうさなく
所庵小羅死寺々々作ると申ろりとよりて
年三十許の老叟きて一紙を贈る
狂陵起趙風翻回首故園欲断魂莫把
家郷常掛念寛心忍耐待皇恩○與君本欲話留連可惜言詞風俗牽漫説流
離為頑尾天涯遍歴是神仙○此興貴慶是鄰邦今日相逢天假縁却愧微区
無麗物聊将拙句贈君前とありて名氏を問ふに又その名を問ふに
○九月十六日　晴天
官人より豚肉十斤許を贈られ又街の知人より酒一瓶死贈られ又陳と申
心書写して德ふ折やと死て街の知人々に奉謝大老爺之恩
姜死杵果てて与少より廟の小齋小到りて数益を備ふ○九月廿一日晴天
廟の傍み茅屋あり生亭主名は元方について豆腐店より割烹して
ふりて我死招き死五人引立死さをるく其妻卓子死續へ酒と載臼肉物

404　『청국표류도』 원문

六人友ゟ□□□□□官人のゟ□引□□□□大城殿雲上を右の書状をもて

朱書曰大助者是非琉球國手とも□□□□□□□□書写て

曰如斯示之言大助者船中混雜誤寫而已又書曰請問薩州什麼地方 咨家

在府城東堀江坊と雲を友人共書状□□□□□□我们大城殿

雲上□□□□□屬□□□□廟肉□帰□小官□□□琉球差大清の

支配島屋大城いおゝ旅宿□□□□□福建へ送居□□□□○九月

十七日 晴天 役人□□□書曰此太行九里許有寧丘邑二位 可遊玩的所者助

貞次郎□□□□□□事 一里半許□□一村の茶坊□□豚肉を□飯□□

□□□□又□□□ 五六丁金砂廟□□□□□□□□正面□□□金佛□□□

安置□左の一間小卓子雲上設□て□□□□□軽々まいて□□

古的を□□□□□□□申小水晶□□て帝釋和尚の□□六七寸許□城

彫刻□□□□□□細工の密□□□目を驚□□□□の□□□□□

自然□□て他□□□□□□□□□□□□立□□□□□

言□□□□申の割符□廟□いて村肉□□□□□□確□□□入

□□□□□□□□○九月十八日 晴天 役人□□銅□□□行□て大老爺

五何余り□帰□□□ 知職と小官

□□先徒二人次弟□道樂さ□三十人評□□□□廟肉□入□□正面□□

□□子□寄□眼□□□□□□□□□□□□□□影□中有貴□□□

究汪源財你送彼之米貸已受官之形罰汪源財說我救彼〻自己情願送我

況且船上已濕盪二十餘袋現仰求二十七但大人深恩濟救之恩前日波

中之急祈大人將米貸准賜於汪源財則亦已免罪衆大人之恩俱能報答兩

全其美若情願賜必然要立憑與汪源財庶脫手寬枉萬謝大人○九月

十五日　晴天　尊廟の大祭にて天まる五十人許異様の旗あり〻

精多き聲河まりて道樂乃音をなして人の行列廟内へ入子に　官名木廉自寫

日今天人集會巳の刻許〻關帝の行列備へて一〻大旗朱の大傘地主

廿頃小童子十四五人許　　乃乃多老い音枷にて入或は裸にて兩手に扇を　地主姪

先不赈焰〻焰　或は錦は首にて羽さまと〻て尊罪人の容姿か姫

あどもき捧〻綿母金絲の絎〻て衣服美る僧十人許謠ひつ〻筆を

吹き又其側母銅鑼もちて終日言中なる縱橫もろの笑起こ〻〻

そのきゝ　捧廟内母人〻のの人の続はさく栗栎

琉球の大城親雲上もゝ共先達為日本人の家に行きて我是中山之大城親雲

そし再琉球の族とうきて東て日我是中山之大城親雲

来美りに豆敷送於美まく贈りくめ　○九月十六日　滉天取回衆組にくろ

上者為鷹島伊平屋之小吏僮僕等共六人乘小船發那霸河口洋中失風

漂流到日本薩摩海内佐多御岬船破五人溺死我獨得生托此貞次郎船將

至將軍府城不幸而又遇逆風終來此地庶幾乘憐送我福建館内居く二十

婦人二人いて茶を勸め孫を抱て来り遊ひせ姫又一少年筆を持

胡鬮をいて遊ひせて曹げみ敎盆試驗等の宴後一人鳥来りて

目試いからて陳を呼び將く西げみ敎盆試驗等の宴後一人鳥来りて

〇九月十二日 晴天 秋目浦え承助指宿

指を源と孫右衛門瘟病發して發熱して訪て曰二人有病請医

藥と乞醫二人来りて我弟のとくのせ娜と於て屋賑布と襁

唐人八重載臺と襁の問を仔と臺となり来紙巾いて病牀并病者の名に配劑と施電

珍又醫の名試行 重姫詩計拾五文を納て藥塵をも薬一貼と調

今てきる藥と飲しむ夜炭薪と持行き賣与いと町

富る所為なを〇九月十四酉 晴天 浴堂えゆんすと請人役二人と分

人教試分けて借むゆと妲抱民浴堂の滿船八郎言青石と湯三服に分

ち楝の側示案試開き硝子とりて湯と富中我邦の蒸風呂のなし

俗に唐風呂 湯事單と女来りて浴衣 我邦の浴衣とよくよく

似たり 大風呂と持て

浴しく茶試いる 藥子試お来て人ごとに興し價八或人ごとの拂ふり

浴しく人二人たる價三十文ふ行り每日ゆきん價ふ或とり許し居

三日ゆきく好しく抱一人の黑羅紗糸ふ去あとと書きて曰崇明

縣有一人是琉球人何意答 你等是何人有官位哉否無官者不可得聞矣又

一人ふ書民と答ふ 呈斗二十七立大人當在洋波中緩危之持全

薜粉の城ひふるう閣店源坊ろみの店屋美成あうて廣大そるうう目と

おもうく姫夫ろる主を丞列出さて古門成へ至玄関の尾篭る竹の細代成
きて左右み座せしむ驚付ありて古皮異様の夢うて呼うしかむ人

いくく正面の秒小侍うを朱書して俗们是何國何故此地来哉各生國日本之
野夫也過遂風此地漂流と書写うて姫影る支管所古助成後堂る擴りく

官人正面小椅子る侍うそみ摐く鄉成かけ高さ八机成兎化銀の寵筒并
学視影紙笺成綿細右脇へ高さ五尺許そうて四角うる朱塗の甲央柱

るう約あるそとみ巻約成かけ中の棚ら眼紗包の笺成置うう さくる
皇帝よう游てく影き物うや圧右い古皮迎揮して三十人許そう

居るうそ大古人をく閉うう畢て城人兎成より一圖る古丞をいて七八丁
列通うそ瓊瑶廟というて察ろしむ 安置そ

廟ハ閣帝成

圓海寺にて人を容るゝの役人五人がに者を先に如く終東尺物の人路間に

○九月六日　晴天　登園の官夜数十人寿先もゝ十里小名州とい蝸壁町

のと又十里小洋州といふ城下ありゝ夫へ送か届けいて市中の茶店へ

住を少き坂をのく棒らく輩めゝ揮末て我を物をりせ去夜順て

少きみちすくゝく是物の男女を事て九何分各物とこふると又別そて

二軒の茶宣へなきも新八唐人を別八日本むりゝゝの卓子膳く然

るより勢府様身て我是をく道八度き柳品あつて川多く處

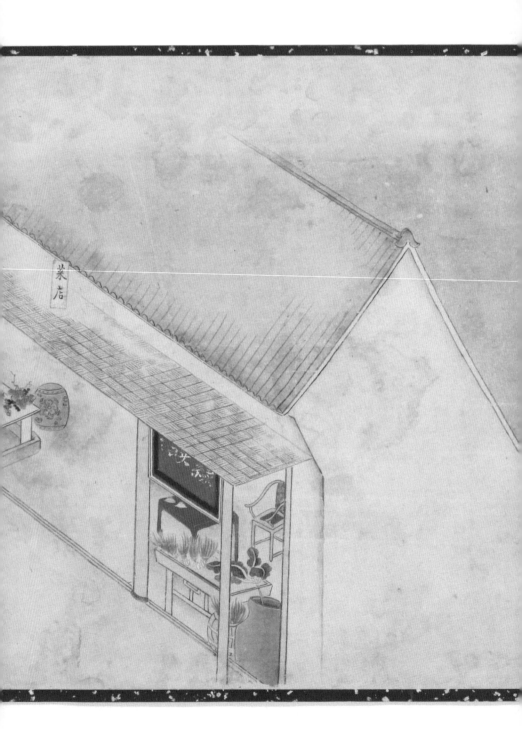

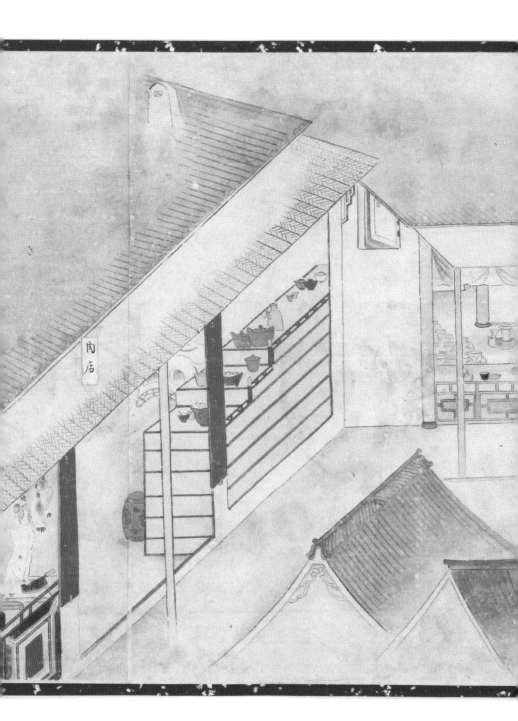

肉店

酒坊

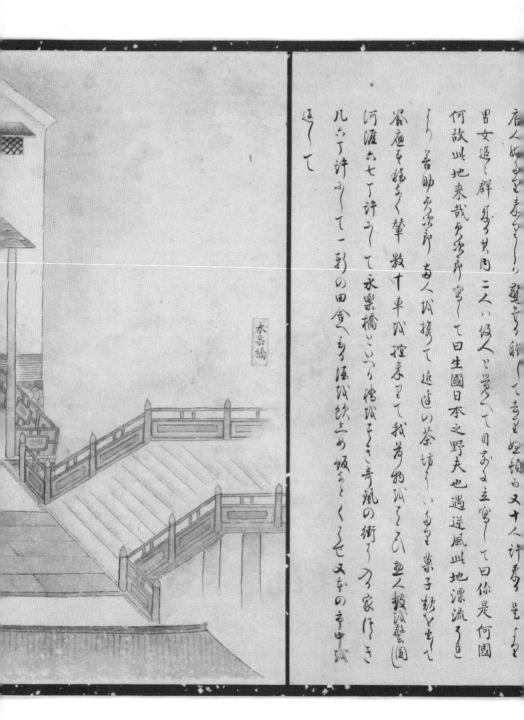

唐人好みと来るに〳〵鑾立る脇〵て云ふ〳〵姫頓首又十人計あり是も〳〵皆

男女追々群集て其内二人ハ仮人と覚へて目有て立寄て曰你是何國

何故此地来哉あ多く為所寫て曰生國日本之野夫也遇逆風此地漂流る由

〳〵吾助欠乏〳〵あ南人城橋て近道の茶坊へいる菓子糖と云て

客庭を経〳〵輦数十車城控来りて我者物城を民為人数汰聲国

河漊六七丁許りて永樂橋といふ湾城まき奇麗の街う乃家作き

几六七丁許りて一朵の田舎へ多源城汰上め飯をくへ又も市中城

返りて

永樂橋

○九月五日陰天
未明乘陸轎已入船八
所走去人家門而已是

船沼我前ニ跪き合掌ていろいろへだての義となえ候自後ふ杷城
こうせて所大の方ニ向て走ゆき岸下の足橋好ふ々船城琴歌此夜ハ陸部

成雑しとあるゝ伐まち蛆

〇九月四日　陰天　東風　

女将分横幅二里許の湊と村々見えて入る此湊の漁舟三艘

出でて舸又艜を横たへ子の漂米数俵一艘小舸一艘水に人数々を

其米積み入南より去らんと抜舩中の少婦沫水数々飯と炊く様を

いとしくみし海中舟を放ち自ら水ょり出て海門の大

河とは汐水流々と走らせ湊より凡二里許りて左の河岸々船を

輕く唐人の小巌岸は海門中一の悪所と挽れり左の岸は好く

所陸へ引けると次言う我曹皆心得をみさすれば又盛んゼ

陽を正る人家瓴多羅列をいひ里宮ておふらふよ左り方は

人家も又々を総々茅屋のことくして廣壑蒼茫より旁に婦々賊

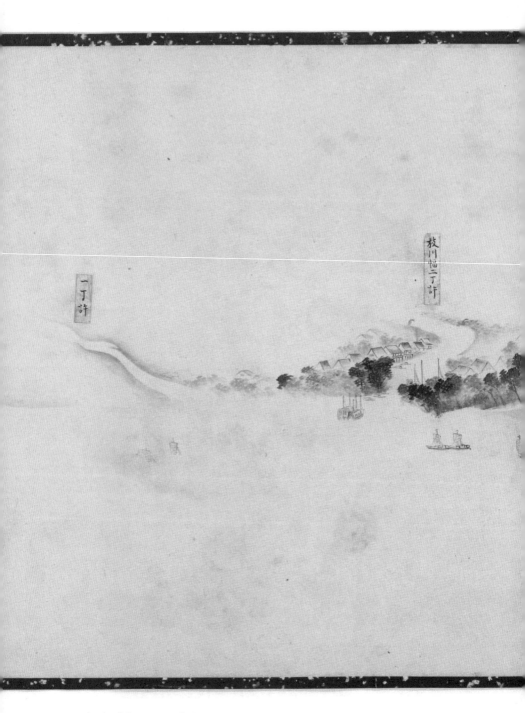

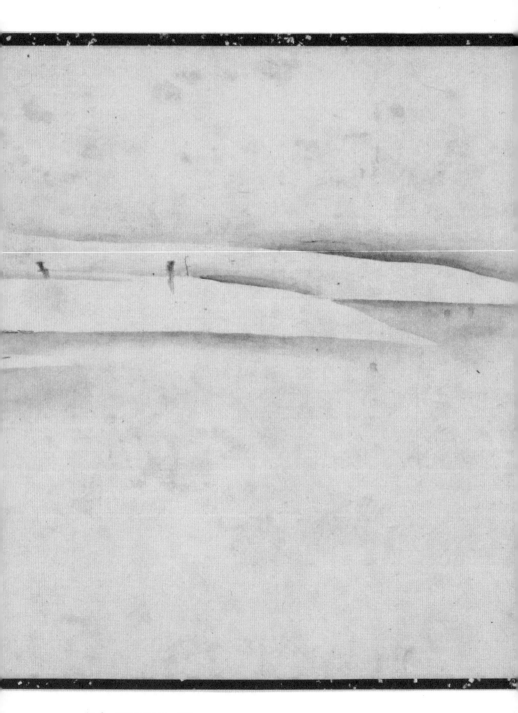

『청국표류도』 원문

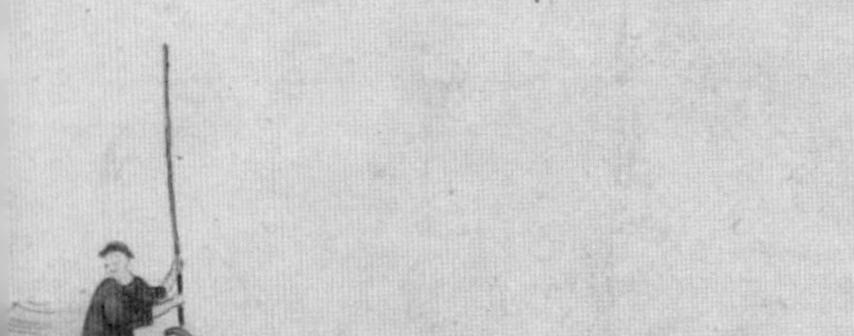

二十日ふ□を毛□□ 唐土□□く □□□□□□ □□□□□□ ○八月廿二日
晴天
海次第小□□て 船進退□□を 又何寒と□□す□を □八月
廿三日 陰天
無風□り□次□□□ 而碇□入食緩□
□風□るを 又次□□□ 西の方へ流□ ○八月廿四日 晴天 東風 五ツ分より
船□□□畫小□□□□□故□□□ ○八月廿五日 晴天 南色ふ失□の
□□□□□□□□□ □□船□ □□□船み□□□□□
江南高船と大書□□を 先水のさ□代書寫すれ□船頭□□□去□□
水と大稽□□□□□を入□て無ふ遂ふ□□□□□こ□□二回又□□□
□□て□寧□□を 仕合□る唐人紙を投□といヘる □□書寫せ□□□□
厚禮□□ □是天の救書を救ふちん□□□□□□□□□□又十□□□
流日久而無水願貴客乗憐可賜一桶之水哉又問洋海何邊幾許日而可到
地方否答 中元正作西弐字去有風三天找
曹□郡ふ□度□□□□□人教□□□□非其德厚禮□□て李
船又東橋□如其船八南城□□て走去□ ○八月廿六日 雨天 東風 風波次第々強く
□の影小舟□多尽□ ○八月廿七日 雨天 風
波基遠く□□□許の海海又澤□入□八何分小洲の□□□□色□□せ□
□□左波来□□□□□海又澤□□小□を□□□次何□□□□□四方□□□□□

世に是人の老若役人とも云んにや頭よ長し毛の帽子を戴き〳〵向く
役人なるやと仕方致すとも頭を振る〳〵不答船ハ朝鮮船とも見得す能く
大きなるを見て南へ流して持去る○八月十五日 晴天 北風 風甚強く碇を房ニてハ
繋き留かく種枕ニて素より船ハ損して其上尚逆風を逢ひて一命
危ふからんかくし是非薩摩へ何を待ちて朝鮮の地方へ行ハ甚るへし
島人又畜生にあらさる行は一国ニ死致きて到る何ハ彼も不叶してのちは
本道海へ本船より流れりとれハ悉大魚の餌とならんと大持船又
漕る事の東口乃湊へ掉り着る村人追々走いて大音ニて呼ひしてきこと
群集して渚へよせ付着する濱ハ礫致面のかくよ抛て着けるかるし
扨ハ是非なき仕合なりと又本船ニ掉戻る○八月十六日 陰天 北風 此所ニ汲たやすく
本船汲ニ汲かれとも潮ニ近寄るらし而急ニ碇致卸して繋き留め薩は
りくかしく流れいてんとするも風いよく進退窮り極る○八月十七日 陰天 北風
此處ニ滞在して益なしと風ニ任きて碇を上けて流れいて西北を
島致離るゝ事漸三丁ほとかり而く小構を喫へきゝもくしく見得ける
○八月十八日 晴天 東風 何船とも方角なく酉の方よ流る○八月十九日 晴天 東風 風波
甚烈しく大難成ゆゑ行きてかたいに動るゝ死人ハ善五郎大波ニくゝ枝
流れゆく不便なる仕合なる○八月廿日 陰天 東風 風波かしき申の方ニ流る○
八月廿一日 陰天 北風 八河分海土色のかくなる所へ到る濃藤紫致見るニ至る

〇八月十三日　晴天　北風あり　近寄るに岸下小濱ニ小さきもの二ツ巖石嶬岨ニして
人の通ふへき所にあらす乃を碇泊入る急つき其内又一方の岸下ニ小濱あき破
あり楮船出ふり村落へ行き誠んに六七人系組岸ひて楮りうる所
跡ふりきり譽ちを向み人家をしめる事ふ村内へ出んせ持らり
朝鮮人數多立いて誘くる呼む大色を揚きり向きに二人搜さりせ
いゝすら不通す船毎捨て広へきさめ意ふんにて一地村内へ食すヌ又小船
三四艘東の岸下ふ一尺可もとに捨る野村あうて本船小乗り来り宇沈書て
（こゝ小方へ小通火うして上方べきらさま移為火痛十寺とちき来り菩
池箴傍と

異国漂流の砌ハ、撫育致候ハ先例も有之、当冬久々の饑饉仰付られ候ニ、大和

衣服をも与へ、日本人の形に致し、○八月十一日　雨天　風強く波高くして

又難被成下、○八月十二日　南風　昨日見掛たる小島へ漂着せんと夜に入候て

凡一里許も此船より火炊立候得共、彼の島も見へ、火合を催し

船中大きに喜び、夜の明るをも待兼、陸島し、一同を助らんと議する

変痛若干の活五郎等の若きもの共、痒奮進んで、得分候て

空しくなり、殊に排たる死骸を掘る船中へ拾護し、飯風も覚不

打くこの島ふもつ紀事に、思ふままを許のありさま、甚しく

朝鮮国の属島として三十五里成聲として廻まりき

此島之全圖有後

○八月八日　雨天
北風　九ッ頃より小島三ッ見ゆ船中悦ぶ石餘ありて浪立荒んと
おもふ〳〵又彼島ちを目立狂風とふり彼の島も遠く頃て吹出され去
るも九五六里西北の方へ流去る○八月九日　晴天
南風島ちかぬ所をそ〳〵と漕よ行日
島騒夥多飛行せしハ朝鮮の地方も又遠からむとおもひ志らへ行翌日
火魚とて紅大諸の魚多く鯉尾にて群集せしと詞て散去り○八日
十日　雨天
北風四ッ時分より又大さ風を北風とふりて南の海を漕流れて又小島
ちも見ゆ又迩ちあるしは狂風起きこれを去遠く鯉ちむ去れいふ
沖永良部島の者五人琉球王の奉言人あらましと呼びして咎くこれ

○八月七日　雨天　南風
雨降らして又船中を修のふして桶茶類を拵出く
南水を滴亞乃何分しも北風こうと雷鳴して又大雨寿し勢附あして東方
遠く高山見るを朝鮮國るしんこまるらして又夜入此まを又狂風こまるて
彼の七遠く艘運船中一同慮痕沈擬山むましくくれ願すの他らして

柱にして帆を揚て丑乃方に流されさりしといへとも又何處といふ事を

○八月朔日 晴天 南風 流され廿七八尋許なる渇海に至りて動揺して何霞といふ事

を知らず鬼東の方より鷹一羽来りて櫓上に止る又鶺鴒と小鳥

ひとつ来る鷹鬼役の小鳥を取りて喰ふを一同に是を見て相ひ船中の

吉事なりと塩豚を出して祝事として泡盛酒を飲ていさゝかの杯をかはし

如斯夜を明す鷹は飛去る○八月二日 晴天 南風 丑の方に流されける○八月三日 晴天 南風

水主の内大工ありて楫柄を拵へ板は船道具を崩し小鋸并鋏をもて

粥の小桅を製立て風来時は帆を揚て走る○八月四日 晴天 南風 風強く波

高くして難儀に及ふ所に水主頭娃石垣浦の吉五郎といへる者大病

發り胃筋を付て呻吟も業を出せんと思へとも詮懐中より出たる薬もなく

又其の病食を嫌ふ故五日の間も飯食しかねる事類なりとも水と

いへは汲の魚汁なり味噌粥なとも空ゆれとも不調右人は付添て看病なさ

さしなとといへとも一同難儀の折から心を任せす漆々○

八月五日 陰天 南風 吉五郎病益篤く苦痛次第なり 又船の魚 我等とていさゝか見付け魚なるを

鰹なと付来る故に鉤に帯を結付垂て漂く是を釣りて救ふの足を得るのみ

真きとなして食するに甘味の美なる事いふべきもなし ○八月六日 陰天 南風

丑の方に流されし此日八時分より渇海を離れて青海に入る

○七月廿八日雨降りて大風吹きて船破れ候まゝに船中の者
共此付水主種子島の長十といふもの帆柱を立て溺死を遁れ其外の者
ども或は半纏或は蒲団てもの用ふると其角より大波を
船中へもり三度船中この両端に寺僧立て釣合宜しきと稼ぶ柁より
益々入水の潮大尺六尺流々しの波除んと其外柁より
波高きとても船底の柁方もせす萬人参り柁流々けて
寺の老共もう萬一救夜波とも不及とも我○ふ所々へ萬人船中へ
刀或は拔て彼の老柁を抱んとすれ共船中へ入て柁抱て舟漕く
もしまゝいさみ萬一を力六七人進出て能き所へ進ふ捜て船漕く
衣入何分しかくく風吹て○七月廿九日晴天南風吹いて船中安全を悦らて
ひる過ぎ三日かり方右無飯石皆草紙に入て起居りてやゝ野付休り
垢汝取掛けて凡二四尺柁汝十蒲団汝船中へ去れて柁水汝ひてさりても又
その綿風母任せて流去はしく流々色々と工夫ふ渡を金とりて立のし代
吹んとすれく水をして一人我能水の売方をとてり小畫一帳見をてに十四五升斗代出去長流
飲みて飢渇を忘のき北の方〈流去ちきゝ。○七月晦日南風柁桁汝ひて
飲きて飢渇を忘のき北の方〈流去ちきゝ○七月晦日陰天南風柁桁汝ひて

去年臺灣國〈漂流

五島女島

○七月廿六日　陰天　東風風並よろしく　五剛分東り方小くを五小島々々も其嶽細るふ

みな芸成五島の女島ろふんと丑の方よ走が　○七月廿七日　陰天　東風波浪涸涼て

本船難儀候先程を二三里ばがり彦み已ら捨風任きく流れんと三彩ふ暑さ朝鮮

國ハ地方より文遠かるよと帆桂せんすて成ヒむ風ハ次第小緒く船中一同ふ

驚成切らきく祈願をか如

中山那覇圖

○文化七年庚午七月廿二日　晴天　東風　朝四ツ分那覇〻〻〻出帆かゝり船大寶丸八〻〻〻〻琉球國玉ミの前伊平屋島といふ不ゝり三里評と雖とて表入丑ゟ東ふ走ル

○七月廿三日　晴天　風同　七ツ分ゟゝ東風へゝ東の方十里ぬゝゟゝ島ゝ戌ゟ掛る子丑ゟ東へ走ル　十八里西ゟ〻ゟ

○七月廿四日　陰天　東風　風強く天〻よく〻船那覇へ戻庚さじとて〻〻子亥上六七十里のさ徳うて不及其徳開帆けりとて世其夜八〻ふ航桁をして表総を擁りさゝ〻徴まて〻〻帆桁〻けゝ波ふほ〻〻〻〻〻〻種のゝ半〻綱をゝて夜の明方よ潮続す〻〻〻の風ふ次ゟふ深くゝ丑の方ふ帆〻〻〻〻ゟ〻〻〻〻〻丑の方ゟ走ル

○七月廿五日　陰天　東風　風其後くゝゟゝ始ふ〻大寶丸八朝五ツ分ゟゝ東風風其後くゝゟゝ始ふ

夔得接遇之渥而況山川風土之勝珍奇瓌偉之美玉

帛爛之文琴瑟交錯之音親得之則如其變幻絕妙

之微想像之所不得而至者亦盡畜之而依然猶存于

心目之間乎於是予疇昔之所悲今日之所喜而或足

以萬里壯游為之說故今而言之則亦為不能無可喜

也而所以然者非天祐之所致眇眇之身豈敢能乇天

意可恐不可測矣然則不可苟以觀喜悲於圖與記可

窠喜悲之所由未何如也遂列舉其梗槩以為序云

文化甲戌冬十月　太史橋口善伯祥甫撰幷書

曰清國漂流日記雖其記以國字其辭屬鄙近頗有詮

次乃左近允紀暇西清美肥後盛邑取記以推象問疑

以得信而為之圖四十三目分為三卷紀暇又寫其記

於圖中圖在左則記在右圖在右則記在左與圖交互

與記熈應一披卷則自那霸揚帆之狀而沈迷千波髙

水之中以至清國接遇之委具極造意指之席上嗟乎

其一葦頌霞之難實命之所懸悲之所極至無言以可

盡而使觀者黙然斷魂誰能不悲乎乃其悲者則匕論

己然令而言之則亦為不能無可喜何則幸涉風波之

期則開宴以供饌送且與衣服及行旅之具特見其鄭

重也如里人亦饌儀有其等官當命還二大船以充送

還之用乃以十一月二十六日十二月四日兩分二十

六人使各十三人以小舟至泊船所遣人護歸至是官

吏里人與俱無任天涯分手恨澆沾襟情憊于歲一

遇哉五日乘曉起椗開洋又浮没風濤之間者十數日

而二十二日遂到肥前長崎港於是鎮臺召貞次市等

詰詰問尋貞次市等事無巨細以實陳白則公事畢明

年三月鎮臺命還二十六人鄉里乃皆得安歸七盞貞

明且同舟二十六人舉慶更生陸續登岸卽是爲淸國

江南省也益其終始所以克耐窮而得今日者無他懿

所禱之精所感之應貫終始而有然也則何會死灰復

燃瞥而吏人来問其狀貞次帝因筆談條陳以告其情

自此而吏人監護貞次帝以下二十六人驛送續食水

浮陸行凡一千數百里遂到浙江省乍浦而止自始登

岸起行至留止于此官吏時設燕饗數效物儀勤懇不

置慰藉甚厚如里人亦来訪寂寞贈以盛意冥契一如

舊故奇合互非新識殆至拍肩交滕也旣而及送遷之

船上過者數次當此時船身播蕩入水水深六尺許空

共作江魚肉者必矣衆僉不能防其急嘔伏絕倒相枕

負次帝善助不屈于此按劍疾視勵聲曰窘迫如此始

不可免極力盡術可以卜天命衆中得氣起者僅六七

人防滲塞漏頗得其術且更取柁立以為檣帆之而與

波上下則噓噏之氣亦如少緩然以不害其一時激盪

之比故疾風時起為雷為雨如怒如振旋轉凡四十餘

日困阨凡五百時許八月晦日船遂破於是急出小舟

駕之其窩不可言時遇有漁舟到乃為其所救漁舟行

聲教維及之日幸涉風波之虞得接遇之渥非天祐之

所致眇眇之身豈敢能也天意可恐不可測矣維時文

化庚午秋七月府下船長久九會自琉球歸其船長森

山貞次郎及舟子善助以下共二十八人放洋之後舟子長十著蓆

海允善五郎各有專掌二十二日己時出那霸港放洋著以病允

數十里風梢壯不得復引回至二十四日陰雲晦冥風

浪頻狂帆綷連斷漂流日夜進退無據於是合船一心

禱神求救剪髻以代己身投之海猶且截橋剝載將或

輕浮有所免然不得其便橫暴之極危險備至巨浪從

清國漂流圖序

治化所布聲教所及異域寰外猶是一家是以見舟船

時遭大風洪波之變彼我漂到輒相為應對接遇遮其

渥為益夫為其慶也陰陽潰淪之氣海潮怒激之勢天
一

輪軼而高山湧地軸拔而深谷裂怪異萬萬不知所終

則使人心迷膽路手足不以得動術策無以所出而至

1. 에도시대 시간 읽는 법

에도시대 시간표

에도시대의 시간은 한밤중은 자子시, 한낮은 오午시를 기준으로 삼고 십이간지十二干支로 시간을 표현하였다. 하지만 에도시대 일본에서는 당시 조선이나 청국과는 달리, 자子시와 오午시를 九つ(고코노쓰)라고 읽고 2시간 (1각, 1刻)마다 八つ(야쓰), 七つ(나나쓰), 六つ(무쓰), 五つ(이쓰쓰), 四つ(요쓰)까지만 구분하여 시간을 표현하였다. 예를 들어 '조사시분早四時分'은 '아침 요쓰 시분[四つ時分]'으로 사시[巳刻] 즉 오전 10시 전후를 뜻했다. 또한 에도시대에는 여름과 겨울의 낮과 밤의 시간이 다른 '부정시법不定時法'이 사용되어, 동지와 하지 밤낮의 1각刻(2시간)은 그 시간 간격이 달랐다.

2. 에도시대 방위 읽는 법

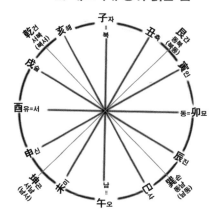

에도시대의 방위는 동東·서西·남南·북北과 그 중간의 간艮·손巽·곤坤·건乾 및 십이간지十二干支에 의한 호칭법을 이용하였다. 예를 들어 '자축방향[子丑の方]'은 자子(북쪽)와 축丑(북동)의 사이를 이르므로 '북북동'을 가리키는 것으로 이해할 수 있다.

에도시대 방위표

3. 관인과 관직에 관한 호칭

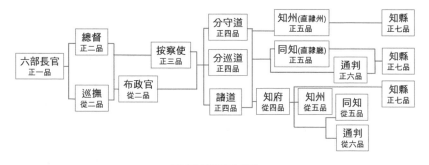

청나라 지방관직 체계

　모리야마 테이지로 일행이 청국에 도착한 이후 만나는 여러 부류의 청나라 지방관은 이방인인 일본인의 입장에서 상하관계나 지위에 대한 정보가 정확하지 않았다. 『청국표류도』 속에 사용되고 있는 지방 관원에 대한 용어가 매우 다양하게 표현되어 있으므로 혼동을 불러일으키는 면이 있다. 이에 청나라 지방관 체제는 위의 표를 참고 부탁하는 바이다.

4. 도량형

『청국표류도』에서 등장하는 도량형 및 다양한 단위에 대해서 독자들의 이해를 돕기 위하여 아래와 같은 표로 나타내었다.

	현재 길이*	비고
길이	1치[寸]=약 3.03cm	
	1자[尺]=10치=약 30.3cm	
	1길[丈]=10자=약 303cm	
	1발[尋]=6자=약 181.8cm	
	1단[反]=3자[尺]=약 91cm	1단은 일본 선박 돛 한 개의 폭으로서 3자[尺, 대개 91cm]이다.
거리	1칸[間]=6자[尺]=약 181.8cm	
	1정(丁/町)=60칸[間]=약 10,908cm=약 109m	
	1리(里)=36정(町)=3,927m=약 3.927km	
면적	1평(坪)=1보(步)=3.3㎡	
	1무(畝)=30평(坪)=99.17㎡	
	1단[反]=10무(畝)=300평(坪)=991.7㎡	
	1정(町)=10단[反]=3,000평(坪)=9,917㎡	
직물	1단(端)=2길=20자(약 6m)	
무게	1푼[分]=9.2g	
	1몬메[匁]=3.75g	
	1량(兩)=38.5g	
	1근(斤)=160몬메[匁]=600g	
	1관(貫)=1,000몬메[匁]=3.75kg	
용량	1홉[合]=약 0.18L	
	1되[升]=10홉[合]=약 1.8L	
	1말[斗]=10되[升]=100홉[合] =18L	
	1석(石)=10말[斗]=1,000홉[合]=180L	

* 일본 도량형의 각 단위는 시대와 지역에 따라 다소 다르지만 일본 에도시대를 기준으로 제시하였다. 1정(丁/町)은 60칸[間]으로 약 109m이고, 1자[尺]는 30.3cm지만 본문 해석에서는 편의상 약 100m, 30cm로 계산하여 나타내었다.

5. 바다, 연안 지형, 해류 등의 이름

화어(火魚) : 쑥치과에 속하는 바닷물고기로서 연안 바닷가 해저에 살고 몸길이가 40cm 정도 되며 몸체는 성대 물고기와 비슷하며 머리가 크고 세 개로 갈라진 지느러미가 있다. 배 부분이 흰 것을 제외하면 모두 붉은 색으로 맛있는 물고기이다. 우리말로는 달강어達江魚라는 호칭이 있다.

급류[瀨] : 여울로서 바닥이 얕거나 폭이 좁아 물살이 세게 흐르는 곳을 말한다.

갈색 바다[渴海] : 바다 색깔이 흙색과 같이 된 곳이란 강 하구 근처에 바다와 강이 만나는 기수역으로서, 물 색깔이 흙색으로 되는 곳을 말한다.

6. 선박 및 선박의 구조 및 부속기구

본선(本船) : 가장 중심이 되는 선박을 가리킨다. 『청국표류도』에서 본선은 죠쿠호[長久丸, 선장 森山貞次郎]이며, 쪽배는 다이호호[大寶丸]였다.

죠쿠호(본선, 좌)와 누선(우)의 모습

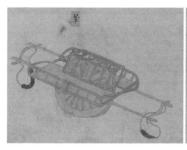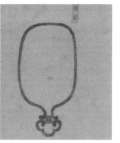

왼쪽 위부터 손수레(렌), 교, 항권

돛 활대[帆桁] : 돛 위에 가로로 댄 나무를 일컫는다.

노끈줄[笭緒] : 선박 돛대 선단에서부터 뱃머리에 걸쳐서 묶어둔 두터운 노끈 줄을 일컫는다.

저망(苧網) : 마로 된 노끈으로서 매우 튼튼하고 강하여 선박 노끈으로 최상으로 여겨져, 고대부터 근세 시대까지 사용되었다.

쪽배[片船] : 어업·항해 등에 부수적으로 동반되는 배로서 우선友船·요선僚船·유선類船으로 표현되고 있다. 『청국표류도』의 쪽배는 다이호호[大寶丸]였다.

부속선[橋舟] : 일명 하시부네[橋船·端船] 또는 거룻배[橋舟]라 불리며 본선本船에 적재하여 상륙할 때 또는 배와 배 사이의 연락을 맡아 하는 작은 배를 말한다.

누선(樓船) : 누선은 망루가 있는 선박이란 뜻으로 2층 선박을 일컫는다.

수부[水主] : 배 젓는 선원을 일컫는다.

7. 중국의 물산, 풍습

가경(嘉慶) : 중국 청나라 인종 때의 연호로 1796년부터 1820년까지 사용되었다.

역정(驛亭) : 역참 또는 역참의 주막을 말한다.

손수레[렌, 輦] : 일본인 표류민이 청국 강남지역에서 육로로 이동할 때 사용된 수레로서 화물 운반에 이용되었다.

교(轎) : 청국 강남지역 중국인 부인 등이 타고 온 가마이다.

항권(項圈) : 목걸이를 일컫는다.

가와라 다다미[瓦疊] : 잔기와[棧瓦]나 암키와[平瓦] 등의 가로로 자른 면이 보이도록 나열해 땅속에 매립한 것을 말한다.

산사당(散砂糖) : 알갱이가 굵은 당도가 높은 사탕으로 고급스런 단맛이 나며, 결정이 크고 투명하여 천천히 녹는다. 과실주나 과자, 청량음료 등에 사용된다.

소목(蘇木) : 콩과에 속하는 상록교목으로서, 소방목蘇枋木·적목赤木·홍자紅紫라고도 하며, 학명은 Caesalpinia sappan L.이다. 열대지방에서 자라는 식물로 높이 5~9m 정도로 자라며 수간樹幹에는 작은 가시가 있다. 한약재로도 쓰인다.

원문(轅門) : 군영軍營의 문을 일컫는다.

버선[襪] : 발에 신는 버선처럼 생긴 것으로 그 속에 지필묵紙筆墨(붓과 종이, 벼루 등) 필기구 등을 꽂아 두었다. 본문에서 버선에서 지필묵을 꺼내는 것이 이해가 되지 않았는데 같은 사쓰마 출신의 표류민 야쓰다 요시가타[安田義方]가 기록한 『조선표류일기』 속에 그려진 그림의 점선 부분을 보

『청국표류도』 권3, 여름 버선과 『조선표류일기』 권6, 버선[襪]

면 이해할 수 있다. 채찍(약 30cm) 등도 이것에 넣어 다녔음을 알 수 있다.

포대 화상(布袋和尚) : 포대 화상은 밍저우 평화[明州 奉化] 사람으로서, 오대五代 시대 후량後梁의 고승이다. 그 성씨와 이름의 출처를 알 수 없으나, 세간에는 미륵보살彌勒菩薩의 화신으로 알려져 있으며, 몸은 비만하고 긴 눈썹에 배가 불룩 튀어나왔다. 항상 긴 막대기에 포대 하나를 걸치고 다니며 동냥하러 다녔으므로 포대 화상이라 불렸다. 때때로 어려운 중생을 돌봐주기도 하여 칠 복신七福神의 하나로 받들어지고 있다.

연관(煙管) : 담뱃대로서 관이 매우 길다.

가래 : 농기구의 일종이다.

여마(驢馬) : 당나귀를 말한다.

연관과 가래

수우(水牛): 물소

경요묘(瓊瑤廟): 관우를 모신 묘당의 하나로서 청나라 건국 시, 관우의 영이 도왔다고 하여 중국 전국 각지에 묘당을 만들었다고 한다.

한산사(寒山寺): 중국 장쑤성[江蘇省] 쑤저우 서쪽 외곽에 있는 사찰로서 약 1,400여 년의 역사를 가진 명승 고찰이다.

서광사(瑞光寺): 처음에 247년(東吳시대) 손권孫權에 의해 창건되어, 송대 대중상부大中祥符 연간(1008~1016년)에 중건되었다. 1988년 중국 중점 문물 보호단위로 지정되었다. 서광사 탑은 일반적으로 서광탑이라 불리우며 쑤저우성 서남 판먼[蟠門, 江蘇省蘇州市姑蘇区東大街49号]에 위치하는 13층 탑이다.

금산사(金山寺): 중국 장쑤성 진강의 서북, 창강[長江, 양쯔강 揚子江]을 굽어보는 금산에 있다. 당·송唐宋 이래의 명찰로서 택심사, 용유사, 강천사 등으로 개명되었으나 일찍부터 금산사로 이름이 알려졌으며 명승절경으로 유명하다. 사찰의 여러 건축물들은 근대에 중건했으나 절 뒤의 가장 높은 곳에 서 있는 팔각칠층의 전심목첨(벽돌내축에 나무추녀)의 탑(전탑)은 높이가 약 45m이다. 벽돌축조 부분은 남송南宋 무렵의 것이며 바깥둘레의 목조부분이나 지붕은 후대에 중수한 것이다. 대웅보전大雄寶殿 후방의 장경루藏經樓는 명대의 건축이다.

요등

요등[姚灯, 姚燈]: 손으로 가지고 다니는 등불을 말한다.

도자기 청색 염색[染付]: 백자에 코발트 유약으로 글자나 화초, 덩굴무늬 같은 것을 그려 넣는 자기 제작기법으로 중국 원대에 유

서광사

행하였다.

안경다리[目鏡橋] : 석조 교량의 일종으로 교각의 모양이 안경과 같이 둥근 아치로 되어 있는 것을 일본에서 보통 메가네 바시[目鏡橋,안경다리]라고 부른다.

호궁(胡弓) : 동양의 대표적인 찰 현악기로서, 중국은 호금, 한국에서는 해금奚琴이라 불렸다.

월금(月琴) : 중국과 한국에서 연주되는 현악기로 중국의 악기는 둥근 울림통에 목이 짧지만, 한국 악기는 목이 긴 편이다. 중국 송대에 완함阮咸에서 발달하여 몸체가 보름달처럼 둥근 모양을 하고 소리는 금琴을 연상시키므로 월금月琴이라고 불리게 되었다.

생(笙) : 고대 중국의 관악기로서 목제의 주발 모양에 13~36개의 죽관竹管을 꿰어, 각 관의 하단에 붙인 금속제 자유황自由簧(프리 리드)의 진동으로 소리를 낸다.

삼현금(三弦琴) : 중국의 전통 현악기이다. 역사적으로 반주 악기로서 인기가 있었다. 남관南管이나 강남사죽江南絲竹 등의 앙상블로서 사용되었으며,

희곡 연주에도 사용되었다. 현대 중국 음악 오케스트라에서는 거의 사용되지 않고 있다. 몸체가 뱀 가죽으로 되어 있고 현이 세 개인 현악기이다.

참용뇌[蔘龍腦] : 용뇌수로부터 채취採取한 방향芳香이 있는 무색無色 투명透明의 판상결정체板狀結晶体이다.

감초(甘草) : 진정제 성분을 가진 생약生藥이다.

별갑[鼈] : 거북의 등으로서, 약용·장식용으로 사용되었다.

대모(玳瑁) : 등이 편갑으로 된 바다거북을 말한다.

붉은색 옻칠[堆朱] : 붉은색 옻칠[堆朱]을 몇 번이고 거듭 칠하여 문양을 새긴 것으로 중국에서는 당, 송 시대에 널리 제작되어 다른 나라로 전해졌다.

기와모노[際物] : 어느 시기의 계절에만 특별히 팔리는 물품이거나, 일시적인 유행을 노리고 만든 물건을 말한다.

대로야(大老爺) : 대노옹大老翁이라고도 불리고 청대淸代에 주·현 지사를 높여 부르던 말로서, 정5품~정7품의 관리이다.

오상 사덕(五常四德) : 오상은 인의예지신仁義禮智信, 사덕은 인의예지仁義禮智이다.

조자앙(趙子昂) : 중국 원나라 초기의 문인·유학자·서화가로서, 이름은 맹부孟頫, 자는 자앙子昂, 호는 집현集賢으로, 저장성[浙江省] 출신이다.

습독(濕毒) : 습기로 인해 생기는 몸 안의 독이다.

주륙형(誅戮形) : 죄인을 사형시키는 형벌을 일컫는다.

전뢰서합(電雷噬嗑) : 주역 육십사괘의 하나로서 이괘離卦와 진괘震卦가 거듭된 것으로, 번개와 우레를 상징함, 서합은 죄로 잡힌다의 뜻이다.

현벽(痃癖) : 안마의 일종으로 어깨가 결리거나 통증을 치료하는 자이다.

8. 일본의 풍습

아와모리[泡盛] : 류큐 지역의 대표적 소주를 일컫는다.

사카야키[月代] : 에도시대 이전부터 일본인 남자의 이발 형태로, 이마 언저리 머리카락을 머리 꼭대기 정수리 부분까지 반달 모양으로 밀어 버리는 것을 말한다.

류큐식 옻칠[琉球塗り] : 류큐[琉球]·아마미[奄美] 지역에서 발달한 옻칠 그릇으로 금가루를 넣거나 바르는 나전칠기 등의 기법을 사용하였다.

감색(紺色) : 일반적으로 군청색이라고 부르는데, 천을 쪽으로 물들이면 이 색이 나온다고 하여 쪽색이라고 하기도 한다. 남藍이 쪽이라는 뜻이기도 하고. 쪽이 천연색소 중에선 구하기 쉬운 편이기에 예로부터 많이 사용하는 색이다.

찹쌀가루 떡[간자라시, 寒晒し] : 간자라시는 겨울에 물에 불렸다가 그늘에 말려 빻은 찹쌀가루이다.

네리모노[練物] : 꿀팥·생선묵 등을 으깨거나 굳혀서 만든 과자 등의 음식 종류를 말한다.

운편양갱[雲片糕] : 깨를 넣은 중국의 양갱 종류이다.

가미시모[裃] : 에도[江戸] 시대 무사의 징징 예복의 종류이다.

하오리[羽織] : 하오리는 방한 및 예복 등의 목적으로 입는 짧은 겉옷으로서 무로마치시대[室町時代] 후기부터 사용되기

가미시모(왼쪽)와 하오리(오른쪽)

시작하였다. 현대의 모양과 같이 된 것은 에도시대(1603~1868년)에 들어와서부터이다.

와키자시[脇差] : 호신용으로서 큰 칼에 곁들어 허리에 차는 작은 단도이다. 큰 칼을 사용할 수 없을 때의 예비용 무기로서 무사계급이 아닌 서민도 소지할 수 있도록 허용되어 에도시대에는 많은 와카자기가 만들어졌다. 호신용으로서 큰 칼에 곁들어 허리에 차는 작은 칼이다.

도코노마[床の間] : 일본에서 도코노마는 객실의 하나로서 다다미방의 정면 상좌에 바닥을 조금 더 높여 만들어 놓은 곳을 말한다. 높인 자리에는 도자기나 꽃병 등으로 장식하고, 벽에는 족자 등을 걸어 두었다. 『청국표류도』에서 언급된 도코노마는 응접실을 의미하는 것 같다.

단도오리직물[段通織] : 중국의 수제 양탄자로서 단수(매듭)의 규격을 30~48cm 간격으로 짠 매듭이 몇 개 있는가에 따라서 구분한다.

하부타에 떡[羽二重餠] : 떡을 찐 후, 설탕과 물엿을 첨가하여 만든다. 매우 부드러운 식감을 가진 전통 일본식 떡이다.

한펜[半片·半弁] : 일본 관동, 도카이[東海] 지역 음식으로서 생선을 으깨어 반죽해 야채 등의 재료를 혼합해 조미한 뒤 사각형 또는 반달모양으로 익힌 어묵의 한 종류이다.

유니마스[湯膾] : 미야자키[宮崎] 지방의 향토요리로서, 체에 치거나 간 무와 가로로 자른 전갱이를 조리거나 볶아서, 간장·식초 등으로 조리한 음식을 말한다.

용안육(龍眼肉) : 용안의 가종피假種皮로, 말려서 식용食用하며 완화 자양제緩和 滋養劑로도 사용한다.

오반[大判] : 16세기 이후 일본에서 생산된 금화 중에서 타원형의 커다란

용안육, 오반

대형 금화를 말한다. 작은 금화[고반, 小判]가 단순히 '금金'이라 불린 데에 대해서 오반은 특히 '황금黃金'이라 부르며, 오반금[大判金]이라 일컬었다. 민간인 통화로 사용하기보다 선물이나 하사용으로 사용되는 경우가 많았다.

종규(鐘馗) : 역귀나 마귀를 쫓아낸다는 중국 귀신을 일컫는다.

방생(放生) : 사람에게 잡혀 죽게 된 짐승을 살려 주는 불교 의식이다.

오시로 빼친[大城親雲上] : 오시로[大城]는 성이고 빼친[親雲上]은 류큐의 관직 명이다. 빼친 또는 빼쿠미라고도 불리는 류큐국 중견 정도의 관리로서 사족 중에서 정3품에서 종7품까지의 사족士族 칭호이다. 황금색 관을 쓰고 은으로 된 비녀를 꽂았다.

일본 침엽수 흑목[黑木] : 일명 흑단黑檀이라 불리며, 감나무과에 속하는 상록 활엽 교목으로, 일본 관동 남쪽[南關東] 지방의 비교적 따뜻한 해안가 부근에 분포한다.

9. 지역명칭 – 일본

류큐국 구니가미[琉球国 国上] : 현재 오키나와현 구니가미군[沖縄縣 国頭郡]에 속하는 마을로서, 오키나와 본섬 북쪽 끝에 위치한다.

이헤야섬[伊平屋島] : 현재 오키나와현 시마지리군 이헤이야촌[沖縄縣島尻郡伊平屋村]에 해당한다.

도리시마[鳥島] : 『청국표류도』의 본문에 '도리시마는 가고시마현 아마미오시마[鹿児島縣奄美大島] 서쪽 18리 정도에 위치함'이라고 되어 있다. 현재 행정구역은 오키나와현 시마지리군 구메지마정 유오우도리시마[沖縄縣島尻郡久米島町 硫黄鳥島]이다. 현재 섬 전체를 포함한 주위가 군사시설 '도리시마 사격장'으로 유명하다.

고토열도[五島列島]의 **메시마**[女島] : 나가사키현 고토시에 속하는 섬으로 고토열도 남서쪽에 있는 남녀군도男女群島를 구성하는 섬 중의 하나이다.

에이 이시가키포[頴娃石垣浦] : 가고시마현 미나미 규슈시 에이쵸[鹿児島縣南九州市頴娃町]이다. 이시가키포[石垣浦]에는 사쓰마번의 쌀 창고 및 방[高札場]이 설치된 중요한 항구도시였다.

오키노에라부섬[沖永良部島] : 아마미군도[奄美群島] 남서부에 있는 섬으로 현재 행정구역은 가고시마현 오시마군 오키노에라부섬[鹿児島縣大島郡沖永良部島]이다.

아키메포[秋目浦] : 현재 일본 규슈 가고시마현 미나미사쓰마시 호우노즈정 아키메포[鹿児島縣南薩摩市坊津町秋目浦]이다.

이부스키 스리가하마[指宿摺浜] : 현재 규슈 가고시마현 이부스키시 유노하마[指宿市湯の浜]이다.

사타온미사키[佐多御岬] : 사다온미사키는 현재 가고시마현 기모쓰기군 미나미오스미정 사다마고메[鹿兒島縣肝属郡南大隅町佐多馬籠]에 위치한다.

이마이즈미[今和泉] : 가고시마현 사쓰마반도 남부[鹿兒島縣 薩摩半島] 이부스키군[指宿郡]에 속해 있는 촌락이다.

호우노즈[坊の津] : 현재의 가고시마현 미나미사쓰마시 호우노즈정[鹿兒島縣 南薩摩市 坊津町]이다.

다네가시마[種子島] : 일본 규슈 가고시마현에 속하는 섬이다.

다루미즈[垂水] : 가고시마현 중부 오스미반도[大隅半島] 북서부에 위치한다.

아마쿠사[天草]**의 사키노쯔**[崎の津] : 구마모토현 아마쿠사시[熊本縣天草市] 가와우라정[河浦町] 서부 지역으로, 천연 항구로 유명하며 에도시대(1603~1868년)에는 해운업자들의 정박지로서 번영하였던 천연의 좋은 항구로 유명하였다.

도오미번소[遠見番所] : 좀 높은 곳에서 해상선박 출입을 감시하는 곳이다.

10. 지역명칭 – 중국

하이먼[海門] : 중국 장쑤성에 있는 도시이다.

양저우[揚州] : 현재 장쑤성 중부 지역으로서, 창강 하류 북쪽에 위치한다.

퉁저우[通州] : 중국 장쑤성 동남부 및 창강 동북 지역에 위치한다.

쑤저우[蘇州] : 중국 장쑤성 남동부에 있는 옛 대도시[城市]로서, 부근에는 타이호, 양징호 등 그리고 작은 호수들이 있어 근교의 벼농사와 상공업 및 수운의 교통으로 번영했다.

취안저우[泉州] : 중국 푸젠성[福建省] 동남부 도시로서 창강 하구 북안에 위치한다.

장저우[漳州] : 중국 푸젠성 남부 상업 도시로서, 주룽강[九龍江] 지류인 시강[西溪]에 면해 있다.

충밍현[崇明縣] : 창강 삼각주의 하나로서 중국에서 세 번째로 큰 섬이다.

루가오현[如皋縣] : 루가오는 장쑤성 직할지이다.

전장현[鎮江縣] : 중국 장쑤성 창강 하류 남안에 있는 하항河港 도시이다.

단양현(丹陽縣) : 장쑤성 남부에 있는 현이다.

창저우[常州] : 장쑤성 창강 남쪽에 있는 도시를 말한다.

우시현[無錫縣] : 중국 장쑤성 남부의 상공업도시로서, 타이호[太湖] 북안北岸에 있는 교통의 요지이자, 미곡·생사 등의 집산지이다.

우장현[吳江縣] : 중국 장쑤성 쑤저우시[江蘇省蘇州市]에 위치한다.

펑차오[楓橋] : 펑차오는 장쑤성 쑤저우부 서쪽 7리 되는 곳에 있다. 산과 물이 있어 놀고 쉴 만한 곳으로 남북에서 왕래하려면 반드시 이곳을 지나야 하는 교통 요지이다.

핑왕현[平望縣] : 장쑤성에 속한다.

스먼현[石門縣] : 저장성 통상현 스먼진[浙江省桐鄉縣石門鎮]이다.

자싱현[嘉興縣] : 중국 저장성 자싱시[浙江省 嘉興市]에 위치한 현으로 창강 삼각주長江 三角洲를 일컫는다.

저장성[浙江省] : 저장성은 중국 남동부의 동중국해 연안에 있는 성으로서 성도는 항저우[杭州]이다.

자푸[乍甫] : 저장성 자싱시와 핑후시[平湖市]의 동남부에 위치한다.

핑후현[平湖縣] : 저장성 자싱시에 속한다.

11. 일본의 조선인 인식

조선의 섬 사람과 선박 : 수염이 많고 머리카락이 덥수룩하며, 선박 바닥이 좁고 작은 것으로 보아 선박 사이를 이동하거나 바다의 선박에서 육지로 이동하는 거룻배 같은 선박으로 유추된다.

찾아보기

가경(嘉慶)　137, 181, 473
가마(轎)　105, 192, 198, 233, 474
가미시모[裃]　211, 479
가와라 다다미[瓦疊]　162, 474
갈색 바다(渴海)　143, 145, 155, 256, 263,
　　264, 268, 472
감초(甘草)　214, 478
강남상선(江南商船)　108, 152, 264
게다[下駄]　238
경요묘(瓊瑤廟)　110, 116, 165~168,
　　170~173, 175~177, 179~181,
　　186, 188, 190, 264, 265, 476
관모(冠帽)　149, 200
관문지기[關守]　207
금사묘(金砂廟)　172, 173, 265
금산사(金山寺)　115, 203, 266, 476
급류[瀬]　150, 472
기와모노[際物]　230, 478
나가사키 쇼군[長崎將軍]　240, 253
내조선(來朝船)　244
네리모노[練物]　241, 479
누선(楼船)　105, 120, 192, 193, 195, 197,
　　199, 200, 201, 207, 218, 232, 234,
　　265~267, 473
다이호호[大寶丸]　108, 137, 138, 263, 472,
　　473
단도오리직물[段通織]　241, 480
단하(丹荷)　251, 252
대모(玳瑁)　214, 478
도오미번소[遠見番所]　257, 268, 483
돛 활대[帆桁]　137, 140, 473
문양　213, 230, 266, 478
방생(放生)　250, 251, 481

버선[襪]　105, 168, 174, 212, 214, 215,
　　228, 229, 267, 474
별갑[鼈]　214, 478
병만교(幷滿橋)　193, 265
본선(本船)　108, 137, 139, 140, 148, 149,
　　150, 152~155, 185, 253, 263, 264,
　　268, 472, 473
부속선[橋舟]　108, 148, 150, 153~155, 263,
　　473
분카[文化]　129, 134, 137, 263
사카야키[月代]　166, 244, 264, 479
산사당(散砂糖)　214, 474
삼현금(三弦琴)　477
생(笙)　168, 233, 247, 477
서광사(瑞光寺)　209, 210, 266, 476
성후이[勝會]　191, 231, 242, 267
손수레[렌, 輦]　160, 190, 474
수부[水主]　113, 140~143, 228, 229, 242,
　　244, 263, 473
수우(水牛)　476
습독(湿毒)　228, 266, 478
시라쓰[白洲]　112, 113
아와모리[泡盛]　143, 149, 219, 479
안경다리[目鏡橋]　218, 266, 477
안마(按摩)　238, 478
안찰(按察)　195, 200
여마(驢馬)　475
역정(駅亭)　205, 474
연관(煙管)　475
영락교(永樂橋)　160
오반[大判]　176, 265, 480, 481
오상사덕(五常四德)　187
와키자시[脇差]　116, 174, 211, 480

요등[挑灯]　476

용안육(龍眼肉)　118, 119, 252, 480

운편양갱[雲片糕]　241, 479

원문(轅門)　234, 267, 474

원해사(圓海寺)　110, 161, 264

월금(月琴)　232, 233, 477

유나마스[湯膾]　246, 480

은패(銀牌)　177

은화(銀貨)　105, 176, 185, 186, 212, 216,
　　　217, 230, 265, 266

응접실[床の間]　241, 245, 480

자영묘(紫英廟)　191, 265

저망(苧網)　138, 473

종규(鐘馗)　247, 481

죠쿠호[長久丸]　103, 104, 108, 113, 116,
　　　129, 137, 185, 263, 472

주륙형(誅戮形)　179, 478

주자가훈(朱子家訓)　241, 267

중산국(中山國)　114, 117, 171, 225

지사[대로야, 大老爺]　116, 165, 173~175,
　　　212, 228, 265, 266, 478

지전(紙錢)　188, 265

지현(知縣)　116, 200

쪽배[片船]　137, 138, 256, 263, 472, 473

참용뇌[實龍腦]　214, 478

청국표류일기(淸國漂流日記)　103, 104, 112,
　　　133

태락교(泰樂橋)　168, 264

태사(太史)　103, 104, 122, 134

판금(板金)　177

평차오[楓橋]　218, 266, 484

포대 화상(布袋和尙)　173, 475

포정(佈政)　192, 200

하부타에 떡[羽二重餠]　244, 480

하오리[羽織]　116

한림원(翰林院)　119, 225, 233, 266

한산사(寒山寺)　115, 208, 266, 476

한펜[半片]　246, 480

항권(項圈)　474

항쇄[首枷]　185

허언당(虛言堂)　119

호궁(胡弓)　168, 233, 238, 244, 267, 477

화어(火魚)　146, 472

후미에[踏繪]　113

흑목(黑木)　198, 481

인명

니시 세이비[西淸美]　104, 133

동기창(董其昌)　230

마고자에몬[孫左衛門]　168, 265

모리야마 테이지로[森山貞次郞]　104, 112~117,
　　　119, 121, 129~133, 137, 141, 142,
　　　152, 154, 160, 163, 166, 171, 172,
　　　176, 179, 185, 187, 189, 190, 199,
　　　200, 210, 212, 216, 217, 229, 230,
　　　241, 243, 246, 248, 249, 264~268,
　　　470

사콘죠 쥰카[左近允純嘏]　104, 133

순양조사(純陽祖師)　250

쉬허단[徐荷丹]　239, 253, 267

에이스케[永助]　168, 265, 268

오시로 빼친[大城親雲上]　114, 116, 171,
　　　172, 265, 481

왕위안차이[汪源財]　169, 170

위안유[元由]　248, 249, 268

젠고로[善五郞]　129, 143, 145, 147, 151,
　　　263, 264

센스케[善助]　104, 129, 130, 133, 141, 142,
　　　160, 163, 166, 172, 176, 185, 200,
　　　204, 229, 230, 241, 249, 265

젠자에몬[善左衛門]　228, 242, 243, 266,
　　　267

조자앙(趙子昻)　230, 478

죠쥬[長十]　113, 129, 140, 263

하시구치 젠빠쿠 쇼우호[橋口善伯祥甫]　103,
　　104, 134
히고 세이유[肥後盛邑]　104, 133

청국 지명

단양현(丹陽縣)　110, 111, 204, 266, 484
루가오현[如皐縣]　111, 118, 119, 191, 194,
　　265, 484
밍저우[明州]　111, 161, 173, 264, 475
스먼현[石門縣]　112, 118, 119, 221, 234,
　　235, 266, 267, 484
시수이역[西水驛]　112, 220
쑤저우[蘇州]　111, 115~119, 185, 206~209,
　　217, 218, 266, 476, 483, 484
양저우[揚州]　111, 196, 199, 203, 266, 483
양쯔강[揚子江]　115, 169, 189, 196, 203~205,
　　233, 240, 476, 483, 484
우시현[無錫縣]　111, 205, 206, 266, 484
자싱현[嘉興縣]　112, 233~236, 267, 484
자푸[乍甫]　103, 109, 112, 115, 118~120,
　　132, 235, 236, 253, 254, 267, 268,
　　484
장난성[江南省]　131, 181
장쑤성[江蘇省]　103, 108, 112, 115, 116,
　　119, 178, 181, 189, 191, 196,
　　203~206, 208, 217, 218, 476, 483,
　　484
장저우[漳州]　239, 267, 483
저장성[浙江省]　103, 112, 115, 116, 119,
　　132, 186, 220, 221, 230, 233~236,
　　478, 484
전장현[鎭江縣]　111, 203, 205, 266, 484
쩡텅읍[曾藤邑]　111, 197, 266
창저우[常州]　111, 205, 266, 484
충밍현[崇明縣]　169, 170, 179, 483
취안저우[泉州]　239, 267, 483
타이저우[泰州]　111, 118, 119, 195, 196,

　　265, 266
퉁저우[通州]　110, 111, 118, 119, 189~191,
　　195, 265, 483
푸젠[福建]　112, 114, 117, 172, 212, 214,
　　236, 240, 483
핑왕현[平望縣]　111, 112, 118, 119, 218,
　　266, 484
핑저우[萍州]　110, 111, 114~116, 118, 119,
　　161, 162, 188, 193, 264
핑후현[平湖縣]　112, 118, 119, 236, 267,
　　484
하이먼[海門]　103, 107, 109, 110, 111, 114,
　　115, 117, 118, 120, 157, 177, 178,
　　181, 212, 228, 264, 265, 266, 483
항저우[杭州]　112, 115, 117~119, 235, 484
허즈[賀芝]　111, 198, 266
허푸[賀苻]　111, 112, 219, 266

일본 지명

고토열도[五島列島]　108, 112, 139, 256,
　　268, 482
구니가미[国上]　137, 482
나가사키[長崎]　103, 104, 108, 112, 133,
　　139, 236, 240, 242, 253, 257, 258,
　　263, 267, 268, 482
나하[那覇]　103~105, 107, 108, 113, 129,
　　133, 137, 171, 263
다네가시마[種子島]　140, 141, 246, 483
다루미즈[垂水]　246, 483
도리시마[鳥島]　107, 137, 263, 482
류큐국[琉球国]　103, 113, 114, 117, 137,
　　147, 171, 172, 181, 198, 481, 482
메시마[女島]　108, 112, 139, 256, 257, 268,
　　482
사쓰마[薩摩]　103, 104, 108, 112, 114, 122,
　　129, 133, 134, 144, 152, 168, 171,
　　172, 213, 228, 238, 246, 247, 474,

482, 483

사키노쯔[崎の津]   257, 483

사타온미사키[佐多御岬]   171, 482

아마쿠사[天草]   112, 257, 268, 483

아키메우라[秋目浦]   246, 252

야쿠시마[屋久島]   213

에이 이시가키포[穎娃石垣浦]   143, 144, 482

오세자키[大於崎]   257, 268

오키노에라부섬[沖永良部島]   104, 113, 147, 263, 482

이마이즈미[今和泉]   228, 242, 246, 483

이부스키 스리가하마[指宿摺浜]   168, 228, 246, 482, 483

이헤야섬[伊平屋島]   137, 482

호우노즈[坊の津]   238, 267, 482, 483